C.H.BECK WISSEN

Vor 150 Jahren unternahm Heinrich Schliemann seine erste Forschungsreise nach Griechenland, und dabei besuchte er erstmals Mykene. Seine Ausgrabungen und Funde haben Mykene zu einem ‹mythischen› Ort der Archäologie werden lassen. Heute bieten zwei der besten Kenner dieses Themas auf der Grundlage des aktuellen Wissensstands einen modernen Überblick über die mykenische Welt: Schrift, Architektur, Kunst/-handwerk, Staat, Gesellschaft, Wirtschaft, ferner Ereignisgeschichte und das Nachleben Mykenes bilden Schwerpunkte ihrer Darstellung.

Sigrid Deger-Jalkotzy, emeritierte Professorin für Alte Geschichte an der Universität Salzburg, ist Mitglied der Akademien von Wien, Athen und Göttingen und eine international renommierte Forscherin auf dem Gebiet der mykenischen Geschichte und Kultur.

Dieter Hertel hat als Professor für Klassische Archäologie an der Universität Köln und der Ludwig-Maximilians-Universität München gelehrt. Im Verlag C.H.Beck sind von demselben Autor lieferbar: *Troia. Archäologie, Geschichte, Mythos* ([3]2008); *Das frühe Ilion. Die Besiedlung Troias durch die Griechen (1020–650/25 v. Chr.)* (2008); *Die Mauern von Troia. Mythos und Geschichte im antiken Ilion* (2003).

Sigrid Deger-Jalkotzy
Dieter Hertel

DAS MYKENISCHE GRIECHENLAND

Geschichte, Kultur, Stätten

C.H.Beck

Mit 28 Abbildungen und Plänen sowie zwei Karten in den Umschlaginnenseiten (Karten: © Peter Palm, Berlin; Vorlage von Mario Börner, Institut OREA, Wien)

Eine erweiterte Bibliographie zu diesem Thema findet sich unter folgender Web-Adresse:
www.chbeck.de/Mykenisches-Griechenland

Originalausgabe

Satz: Fotosatz Amann, Memmingen
Druck u. Bindung: Druckerei C.H.Beck, Nördlingen
Umschlaggestaltung: Uwe Göbel, München
Umschlagabbildung: Mykenische Frau,
Fragment eines Freskos (13. Jh. v. Chr., Mykene).
Athen, Archäologisches Nationalmuseum; © Bildarchiv Steffens/akg-images
Printed in Germany
ISBN 978 3 406 72726 9

www.chbeck.de

Inhalt

Die Einleitung sowie die Kapitel I bis VI und VIII stammen aus der Feder von Sigrid Deger-Jalkotzy, Kapitel VII von Dieter Hertel.

Einleitung: Am Anfang war Homer

> «Agamemnon, ruhmreichster Sohn des Atreus, Herr über die Mannen, an dich wende ich mich vor allen, weil du Herrscher über viele Untertanen bist und weil Zeus dir das Zepter und die Rechtssprüche übergab, damit du Entscheidungen triffst.»
>
> *(Nestor zu Agamemnon, Ilias, 9. Gesang, Verse 96–99).*

Homers Epen «Ilias» und «Odyssee» berichten von einem vergangenen, glorreichen Zeitalter, dessen Hauptgestalten nicht selten von göttlicher Abstammung waren und sich durch übermenschlichen Heldenmut ebenso wie durch die Überwindung unvorstellbarer Prüfungen auszeichneten. Das bedeutendste Ereignis jener heroischen Ära war der Krieg, den die Achäer aus Griechenland gegen die Stadt Troja in Kleinasien führten und an dem sich sogar die Götter beteiligten. Für uns handelt es sich um Erzählungen, die zur Weltliteratur gehören. Die Griechen des Altertums aber sahen in den «Achäern» Homers ihre eigenen Vorfahren und in den Homerischen Epen Berichte aus der Vor- und Frühgeschichte ihres Volkes, selbst wenn sich Intellektuelle wie der große Historiker Thukydides in der zweiten Hälfte des 5. Jh. v. Chr. dessen bewusst waren, dass die Fakten mit dichterischer Freiheit gestaltet und mit Übertreibungen ausgeschmückt wurden. Agamemnon von Mykene, der seine Herrschaft auf Zeus selbst zurückführte, Priamos von Troja, Nestor von Pylos, Odysseus von Ithaka und alle anderen Könige und Helden wurden als historische Personen angesehen, und der Trojanische Krieg galt als historisches Ereignis, ja sogar als Zeitenwende.

Ganz im Gegensatz dazu sprach die neuzeitliche Altertumsforschung des 19. Jh. der Homerischen Dichtung jede geschichtliche Wahrheit ab. Bei den Klassischen Philologen machten sich Zweifel an der Existenz einer historischen Dichterpersönlichkeit namens «Homer» breit, Althistoriker und Sagenforscher verwiesen den Trojanischen Krieg ebenso wie die daran beteiligten Völker und Herrscher in das Reich von Sage und Volksdichtung. Außerhalb der universitär etablierten Altertumswissenschaften entwickelten hingegen gebildete Kreise, wohl unter dem Einfluss humanistischer Schulbildung, ein gesteigertes Interesse an der Frage, ob das mythische Troja nicht doch ein realer Ort gewesen sein und der Trojanische Krieg tatsächlich stattgefunden haben könnte. Bekanntlich war es schließlich Heinrich Schliemann, der als Entdecker der legendären Stadt in Kleinasien in unser kollektives Gedächtnis eingegangen ist. Ob die prähistorische Siedlung, die er auf dem Hügel von Hisarlık in der heutigen Türkei freilegte, ihre Kultur und ihre eindrucksvollen Befestigungsanlagen tatsächlich etwas mit den Epen Homers und dem Trojanischen Krieg zu tun hatten, ist bis heute Gegenstand eines wissenschaftlichen Disputs. Schliemann jedenfalls war davon überzeugt und beschloss, den Beweis für den historischen Gehalt der Werke Homers auch in Griechenland zu führen.

Auf der Suche nach der Burg des Agamemnon entdeckte er in Mykene abermals eine bis dahin unbekannte Kultur. Sie konnte sich an Einfallsreichtum und technischem Vermögen mit den Schöpfungen des klassischen Griechenland messen, war aber offensichtlich älter. Schliemann kam zu dem Schluss, dass es sich um eine mit den alten Hochkulturen Ägyptens und des Orients vergleichbare Kultur handelte, und in der Tat ergaben sich noch zu seinen Lebzeiten Hinweise auf eine Zeitstellung im zweiten vorchristlichen Jahrtausend. Schliemann gab dieser Kultur den Namen «mykenisch». Selbstverständlich verband er sie mit der von Homer besungenen glorreichen Vergangenheit Griechenlands, dem Heldenzeitalter der Achäer und ihrer Könige. Weitere «homerische», d. h. der mykenischen Kultur zugehörige Orte fand er in Tiryns, Theben und Orchomenos (s. Kap. I).

Die Auswirkungen von Schliemanns Entdeckungen auf die archäologische Erforschung Griechenlands können kaum hoch genug eingeschätzt werden. Eine erste Folge waren die Ausgrabungen, die Arthur Evans eine Generation später in Knossos aufnahm, um einen weiteren vermeintlich mykenischen Fundort freizulegen, und die stattdessen eine zweite frühe Hochkultur auf europäischem Boden ans Licht brachten, die den Namen «minoisch» erhielt. Die Auffindung vieler weiterer mykenischer und minoischer Fundplätze wie auch der ständige Zuwachs an Ausgrabungsmaterial und der Fortschritt der Forschungsergebnisse ließen schließlich einen neuen Zweig der Altertumswissenschaften entstehen, der heute «Ägäische Vor- und Frühgeschichte» genannt wird und der in seiner Arbeitsweise die Inhalte, Forschungsansätze und Methoden verschiedener Fachrichtungen verbindet. Der Umgang mit minoischen und mykenischen Kunstwerken beispielsweise bedarf der Methoden der antiken und modernen Kunstgeschichte, während die Erforschung der Entwicklung ihrer gesellschaftlichen und politischen Organisationsformen eine neue Aufgabe für das Fach Alte Geschichte eröffnete. Beziehungen der minoischen und der mykenischen Kultur mit Anatolien, mit den Staaten des Orients und mit Ägypten stellen eine Verbindung zu Orientalistik und Ägyptologie her. Seit der Entzifferung der mykenischen Linear-B-Schrift (s. Kap. I) sind darüber hinaus Kenntnisse des Altgriechischen vonnöten, um sich mit den Dokumenten der mykenischen Administration auseinanderzusetzen. Die prähistorischen Kulturen Griechenlands, der Ägäis und Zyperns nehmen im Bereich der Ägäischen Vor- und Frühgeschichte ebenfalls einen breiten Raum ein und tragen ihrerseits zur Entwicklung spezifischer Forschungsmethoden bei. In zunehmendem Maß wird die Zusammenarbeit mit naturwissenschaftlichen Disziplinen wichtig, wenn es z. B. um Forschungen an menschlichen, tierischen und pflanzlichen Überresten geht, um geologische und geophysikalische Untersuchungen im Umkreis der Fundorte und nicht zuletzt um die absolute Chronologie (s. Kap. II).

Mit der Entdeckung der minoischen und der mykenischen Kultur wurde ein neues Kapitel nicht nur der griechischen Geschichte, sondern der europäischen Kulturgeschichte insgesamt aufgeschlagen – bedeutete sie doch nichts Geringeres als die Erkenntnis, dass in Europa bereits während der Bronzezeit Griechenlands die ersten Hochkulturen entstanden waren. Bis zu den Entdeckungen Schliemanns hatte niemand eine Ahnung davon, dass mehr als ein Jahrtausend vor der klassischen Antike monumentale Architektur und Kunstgegenstände höchsten ästhetischen und technischen Ranges geschaffen und diplomatischer Verkehr und Gütertausch mit den Höfen des Alten Orients und Ägyptens gepflegt worden waren. Eine große Leistung der beiden ägäischen Hochkulturen war ferner die Entwicklung von Schriftsystemen, die die Errichtung und Administration jenes komplexen Staats-, Sozial- und Wirtschaftssystems ermöglichten, das von den minoischen und mykenischen Palästen beherrscht wurde. Ihr rätselhafter Untergang beschäftigte daher nicht nur die antiken Autoren, sondern seit dem späten 19. Jh. auch die moderne Forschung.

Ist es denkbar, dass hinter dem «Heroischen Zeitalter» und den «Achäern» Homers tatsächlich eine Erinnerung an die mykenische Kultur stand? Es gibt sprachwissenschaftliche, philologische und archäologische Indizien, die dafür sprechen. Fest steht aber auch, dass die Epen kein Spiegel der erstaunlichen zivilisatorischen und künstlerischen Errungenschaften der mykenischen und minoischen Palastkulturen sind. Diese müssen vielmehr als Beispiele für das verstörende Phänomen gesehen werden, dass hoch entwickelte Kulturen untergehen, im Schutt begraben bleiben und vergessen werden können. Erst der Zufall – oder sollen wir sagen: das Grabungsglück eines Archäologen? – bringt sie mitunter wieder in das Bewusstsein einer zeitlich weit entfernten Nachwelt.

I. Zur Forschungsgeschichte: Die Pioniere

1. Heinrich Schliemann und Mykene

Als Altertumsforscher war Heinrich Schliemann (1822–1890) Autodidakt. Die Familienverhältnisse waren so desolat, dass er statt des Gymnasiums nur eine kaufmännische Lehre absolvieren konnte. Diesen Nachteil suchte er durch Erfolg im erlernten Beruf und durch selbständige Aneignung jenes Wissens auszugleichen, das für den Zugang zu den akademischen Kreisen erforderlich war. Neben mehr als fünfzehn modernen und alten Sprachen brachte er sich vor allem humanistisches Bildungsgut bei und entwickelte dabei eine besondere Leidenschaft für Homer, dessen Epen er im Original las. Mit etwa fünfzig Jahren, als er zu einem der erfolgreichsten Geschäftsmänner Europas und zum vielfachen Millionär avanciert war, setzte er sich das Ziel, unter Einsatz seines eigenen Vermögens die historische Wahrheit der Berichte Homers zu beweisen. 1870 begann er mit seinen Ausgrabungen auf dem Ruinenhügel von Hisarlık in Nordwest-Anatolien, wo er tatsächlich eine prähistorische Siedlung mit beeindruckenden Befestigungsanlagen fand. Ob sie etwas mit dem Troja Homers zu tun hatte, ist bis heute umstritten. Sicher ist nur, dass über den acht prähistorischen Phasen der Siedlung, deren Abfolge mit dem Beginn der Frühbronzezeit um etwa 3000 v. Chr. einsetzte, in hellenistischer und römischer Zeit eine neunte Stadt («Troja IX») erbaut wurde, deren Name *Ilion/ Ilium* derselbe war wie Homers Alternativname *Ilios* für Troja.

1876 erhielten Schliemann und seine griechische Frau Sophia die offizielle Genehmigung des griechischen Staates für Ausgrabungen in Mykene. Die Lage des Ortes war bekannt, denn die gewaltigen Befestigungsmauern, deren Erbauung die antiken Griechen den Kyklopen, sagenhaften Riesen, zuschrieben, waren immer noch sichtbar. Ebenso war das Löwentor, benannt nach den Skulpturen auf der monumentalen Steinplatte über dem Türsturz, nie zur Gänze unter die Erde gekommen. Auch das «Schatzhaus des Atreus», in dem antiken Berichten zufolge die Schätze der Könige von Mykene aufbewahrt wurden, stand bis zur halben Höhe frei. Hatte sich Schliemann in Kleinasien von Homers «Ilias» leiten lassen, so stützte er sich in Mykene vorwiegend auf den «Griechenlandführer» des Geographen und Reiseschriftstellers Pausanias aus dem 2. Jh. n. Chr., dessen Beschreibungen von Mykene ihn veranlassten, an drei Stellen den Spaten anzusetzen. Als Erstes wurde das Löwentor vollständig bis zur Schwelle freigelegt. Nicht weit außerhalb davon stieß man auf einen dem «Schatzhaus des Atreus» ähnlichen, eingestürzten Bau, den Schliemann «Schatzhaus beim Löwentor» nannte. Heute heißt es «Grab der Klytämnestra», da die «Schatzhäuser» eigentlich monumentale Grabbauten, sog. Kuppelgräber (S. 87 f.) waren.

Die weitaus wichtigsten Funde machte das Ehepaar Schliemann an der dritten Grabungsstelle. Den Bericht des Pausanias über die im Inneren liegenden, «unterirdischen Grabstätten» des Agamemnon und aller seiner Gefährten, die mit ihm nach der Rückkehr aus Troja von seiner Gattin Klytämnestra und ihrem Geliebten Ägisth erschlagen worden waren, interpretierte Schliemann so, dass diese Gräber *innerhalb* des Mauerringes zu suchen wären. Er vermutete sie in einem von hohem Schutt bedeckten Bereich unmittelbar hinter dem Löwentor. Tatsächlich stieß man dort in mehreren Metern Tiefe zunächst auf reliefverzierte Grabsteine und schließlich auf fünf nicht geplünderte, tief in die Erde und in den Felsboden darunter eingeschnittene Schachtgräber mit den Überresten von 17 Personen und mit Beigaben von atemberaubender Fülle und Qualität. Ein sechstes Grab mit weiteren zwei Skeletten wurde nach Schliemanns Abreise von dem griechischen Archäologen Panajotis Stamatakis ausgegraben. Alle sechs Gräber liegen innerhalb eines doppelten Ringes aus hochkant aufgestellten Steinplatten, der heute als «Schliemann-Gräberrund» oder «Gräberkreis A» bezeichnet wird (siehe Abb. 1).

Selbstverständlich war Schliemann überzeugt, die Gräber des ermordeten Agamemnon und seines Gefolges aufgedeckt zu

1 – Mykene, Luftaufnahme. Im Vordergrund Gräberkreis A, etwas rechts oberhalb der Bildmitte das Palastzentrum.

haben. In der Tat sind die Funde, mit denen sich Kapitel IV dieses Buches beschäftigen wird, von überragender Qualität und lassen keinen Zweifel daran, dass in den Schachtgräbern von Mykene die Angehörigen einer reichen Führungselite von betont kriegerischem Charakter begraben waren. Im Umkreis des Gräberrundes in Mykene stieß Schliemann außerdem auf die Grundmauern einiger Gebäude, darunter das «Haus der Kriegervase». Es ist nach der figuralen Bemalung eines weitmündigen, tiefen Gefäßes – eines «Kraters» – benannt, das dort gefunden wurde und das zu den berühmtesten Werken der mykenischen Vasenmalerei zählt (siehe Abb. 20b).

Schliemann war überzeugt, dass die in Mykene entdeckte Kultur das von Homer besungene Heldenzeitalter repräsentierte; trotzdem bezeichnete er sie nicht als «homerisch» oder «achäisch», sondern nach dem Fundort. Die Bezeichnung «Mykenische Kultur» setzte sich rasch durch. Die spektakulären Schätze aus den Schachtgräbern wurden schon ein Jahr nach ihrer Entdeckung öffentlich in Athen ausgestellt und gelangten wenige Jahre später in das neu erbaute Nationale Archäologische Museum von Athen, zu dessen berühmtesten Sehenswürdigkeiten sie seither zählen. Bereits 1878 veröffentlichte Schliemann das umfangreiche und reich bebilderte Werk «Mykenae. Bericht über meine Forschungen und Entdeckungen in Mykenae und Tiryns».

Die Ausgrabungen in der von Homer als «mächtig ummauert» gerühmten Burg von *Tiryns* begann Schliemann ebenfalls 1876. Angesichts der heftigen Kritik der Fachwelt an seinen Grabungsmethoden engagierte er ab 1884 den deutschen Grabungsarchitekten Wilhelm Dörpfeld als Mitarbeiter. Die gewaltigen «kyklopischen» Befestigungsmauern von Tiryns, die repräsentative, mit Ornamenten und Wandmalereien geschmückte Architektur der komplexen Wohnanlagen sowie das umfangreiche Fundinventar mit Tonfiguren, Feinkeramik und Gegenständen gehobener Haushaltsführung präsentierten für Schliemann eine reale Anschauung der königlichen Paläste, die Homer in seinen Epen beschrieb. Die dritte historisch bedeutende Ausgrabung Schliemanns fand 1880/81 und 1886 in *Orchomenos* in Böotien (Mittelgriechenland) statt. Schliemann legte dort ein monumentales Kuppelgrab frei, dessen Architektur und Ausmaße denen des «Schatzhauses des Atreus» in Mykene weitgehend entsprechen und dessen Name «Schatzhaus des Minyas» wiederum an Pausanias angelehnt ist: Der Name bezieht sich auf König Minyas, der als Gründer von Orchomenos galt.

Schliemanns Leistungen und besonders seine Persönlichkeit blieben trotz seiner epochalen Entdeckungen umstritten. Kritiker, deren es heute ebenso wie seinerzeit nicht wenige gibt, spotten über seine Homergläubigkeit und werfen ihm vor, durch dilettantisches und übereiltes Ausgraben viele wichtige Befunde unwiederbringlich zerstört zu haben. Schliemann wurde sogar der Fälschung verdächtigt. Besonnene Fachleute betonen dagegen, dass sich die archäologische Wissenschaft zu jener Zeit noch in ihren Anfängen befand und dass Schliemanns Grabungsmethoden, bei allen Fehlern, die er machte, in vieler Hinsicht wegweisend für die Entwicklung der modernen Ausgrabungstechnik waren. Vor allem war er der Erste, der die Bedeutung der Keramik für die Datierung von Fundkomplexen erfasste (s. Kap. II). Schließlich aber müssen selbst seine schärfsten Kritiker zugeben, dass er zwei bis dahin völlig unbekannte Kulturen entdeckte und ihre Datierung richtig einschätzte, obwohl er sich auf keine Parallelen stützen konnte und ihre zeitliche Einordnung daher schwer war. Auch seine schnelle und ausführliche Berichterstattung war vorbildlich. Die enorme kulturgeschichtliche Bedeutung der Entdeckung der mykenischen Kultur wurde bereits in der Einleitung gewürdigt.

2. *Sir Arthur Evans und Knossos*

Die zentrale Sagengestalt Kretas ist König Minos von Knossos mit seinem «Labyrinth», einem Palast mit verschlungenen Irrwegen. Wie Münzen des 5./4. Jh. v. Chr. bezeugen, lag das antike Knossos auf einem Hügel im Hinterland des heutigen Iraklio. Dort kamen im späteren 19. Jh. Gebäudereste zutage, deren Fundkeramik als «mykenisch» klassifiziert wurde, und im Kunsthandel tauchten «mykenische» Siegel und andere «mykenische» Objekte auf, die angeblich aus Kreta stammten. Zahlreiche Bewerber, darunter auch Heinrich Schliemann, bemühten sich daher um eine Grabungsgenehmigung in Knossos, die aber erst der britische Archäologe Arthur Evans (1851–1941) erhielt. Als er 1900 mit den Ausgrabungen begann, rechnete er mit der Entdeckung einer lokalen, kretischen Ausformung der mykenischen Kultur. Es kam aber anders. Innerhalb weniger Jahre war ein mehrstöckiger Gebäudekomplex freigelegt, dessen Korridore, Treppen, Säle, Säulenhallen, Heiligtümer, Wohnräume und Magazine um einen riesigen Innenhof gruppiert waren. Evans gab der Anlage, deren komplizierte Strukturen wie ein Labyrinth wirkten, den Namen «Palast des Minos». Tausende von Fundstücken und Kunstgegenständen, die zwischen 1900 und 1905 geborgen wurden, offenbarten eine Hochkultur, die sich aus den prähistorischen Phasen Kretas herausgebildet und einen originellen, unverwechselbaren künstlerischen Ausdruck entwickelt hatte. Trotz aller Ähnlichkeit zur mykenischen Kultur konnte sie unmöglich weiterhin als deren kretische Variante gelten. Evans gab ihr den Namen «Minoische Kultur». Für seine Leistungen wurde er in den Adelsstand erhoben.

Die Ausgrabungen von Knossos erlaubten es erstmals, die Stufen der minoischen und indirekt damit auch der mykenischen Kultur in eine relative Zeitabfolge zu bringen. Tiefgrabungen, die unterhalb des «Palastes des Minos» durchgeführt wurden, brachten die Überreste eines Vorgängerpalastes ans Licht und führten zur Einteilung der minoischen Hochkultur in eine «Altpalastzeit» und eine «Neupalastzeit» (bzw. Zeit der sog. Jüngeren Paläste). Die frühen Phasen der mykenischen Kultur Griechenlands weisen enge Beziehungen zu der Kultur Kretas während der Neupalastzeit auf, was bedeutet, dass das griechische Festland wesentlich später in das Stadium einer Hochkultur eintrat als das minoische Kreta. Ein weiteres wichtiges Ergebnis betraf das gewaltsame Ende der minoischen Paläste: Sie wurden sämtlich um die Mitte des 15. Jh. v. Chr. zerstört und danach nicht wieder aufgebaut – mit der einzigen Ausnahme von Knossos, wo der letzte Palast sein Ende erst im Verlauf des 14. Jh. v. Chr. fand (s. Zeittafel und Kap. VI). Arthur Evans hatte im Laufe seines langen Lebens die Genugtuung, seine Ergebnisse aus Knossos durch die Ausgrabungen weiterer minoischer Paläste und vieler anderer Fundplätze im Wesentlichen bestätigt zu sehen.

Ein besonderes Anliegen von Evans war die Suche nach Schriftzeugnissen, da er überzeugt war, dass eine Hochkultur wie die minoische unmöglich schriftlos gewesen sein konnte. Tatsächlich fand er in Knossos drei Schriftsysteme. Dasjenige der Altpalastzeit war hieroglyphisch; seine schematischen, Ideen oder Wörter ausdrückenden Bildzeichen hatte Evans bereits lange vor seinen Ausgrabungen auf etlichen der erwähnten aus dem Kunsthandel stammenden «mykenischen» Siegel gesehen. In der Neupalastzeit gebrauchte man dagegen eine Silbenschrift, deren Zeichen in Linien angeordnet wurden und die Evans daher als «Linear A» bezeichnete. Inschriften in Linear A finden sich auf Stein, Metall und insbesondere auf Tontäfelchen. Eine zweite, jüngere Silbenschrift fand sich fast ausschließlich auf Tontäfelchen, auf denen noch vor der Beschriftung Schreiblinien eingeritzt worden waren. Wegen ihrer offensichtlichen Ableitung aus der Linear-A-Schrift nannte Evans sie «Linear B». Es bestehen gleichwohl deutliche Unterschiede zwischen den beiden Systemen. Vor allem wurde Linear B erst nach der Katastrophe der Jüngeren Paläste nur im letzten Palast von Knossos verwendet (s. Kap. V.3; VI). Die Texte in Hieroglyphenschrift und in Linear A wurden von Evans 1905 veröffentlicht, die Linear-B-Tafeln erschienen 1952, ein Jahrzehnt nach seinem Tod.

3. Michael Ventris, John Chadwick und die Entzifferung der Linear-B-Schrift

Die Entzifferung der großen Schriftsysteme der Alten Welt wie der Keilschrift und der ägyptischen Hieroglyphen gelang deshalb, weil Texte erhalten sind, die zugleich in einer parallelen Fassung auf Griechisch oder in einer anderen bekannten Sprache abgefasst wurden. Solche sog. Bilinguen oder Trilinguen gibt es im Fall der minoischen Schriftsysteme nicht, was wohl der Hauptgrund dafür sein dürfte, dass die minoische Hieroglyphenschrift und Linear A bis heute nicht entschlüsselt werden konnten. Die Entzifferung der Linear-B-Schrift gelang dagegen auf einem ganz anderen Weg. 1939 begann ein amerikanisches Grabungsteam unter der Leitung von Carl W. Blegen mit der Ausgrabung des mykenischen «Palastes des Nestor von Pylos» auf dem Hügel *Ano Englianos* in Messenien im Südwesten der Peloponnes und fand noch im selben Jahr Hunderte von Linear-B-Tafeln, die ersten Schriftzeugnisse auf dem mykenischen Festland – eine Sensation! Der Zweite Weltkrieg unterbrach die Ausgrabungen, aber Fotos der Linear-B-Tafeln gelangten rechtzeitig nach Amerika. Die Zahl der Texte und die Streuung der Silbenzeichen erwiesen sich als ausreichend für kombinatorische Analysen und statistische Auswertungen. Die amerikanische Altgriechisch-Expertin Alice Kober erkannte, dass die Sprache der Linear-B-Texte flektierend war und über männliche und weibliche Wortvarianten verfügte, und der große Linear-B-Forscher Emmett L. Bennett erstellte eine verlässliche Liste der Schriftzeichen und legte eine erste Gruppierung der Texte vor. Der entscheidende Schritt aber gelang wieder einmal einem genialen Außenseiter: 1952 entschlüsselte der junge britische Architekt Michael Ventris (1922–1956) mithilfe statistischer Methoden den «Code» der Sprache der Linear-B-Texte, die sich zu seiner größten Überraschung als Griechisch herausstellte. Allerdings erschien ihm diese Form des Griechischen fremd und sonderbar. Hier sprang der Sprachwissenschaftler John Chadwick (1920–1998) ein, indem er zeigen konnte, wie die griechische Sprache etwa 500 Jahre vor der Zeit Homers beschaffen gewesen sein muss. Überzeugt von der Korrektheit der Entzifferung, bot er Ventris sofort seine Mitarbeit an. Im selben Jahr wurden endlich auch die ca. 3000 Linear-B-Texte aus Knossos veröffentlicht, die viele weitere griechische Wortdeutungen ermöglichten. Es war nun klar, dass der letzte Palast von Knossos von mykenischen Griechen beherrscht worden war. Nachdem Ventris und Chadwick 1953 die Sensation weltweit publik gemacht hatten, brachten sie 1956 das berühmte Werk «Documents in Mycenaean Greek» heraus. Jedoch fand im selben Jahr die einzigartige Zusammenarbeit und Freundschaft der beiden Linear-B-Pioniere durch den Unfalltod von Michael Ventris ein tragisches Ende.

Vertreter der klassischen Altertumswissenschaften, die sich von den Linear-B-Texten frühe Fassungen des Stoffes der Homerischen Epen erhofft hatten, waren freilich enttäuscht, dass sie nur wortkarge Listen mykenischer Palastverwaltungen enthielten. Heute ist man sich der kulturgeschichtlichen Bedeutung dieser Texte allgemein bewusst: Sie bezeugen, dass bereits mehr als fünf Jahrhunderte vor der Einführung des griechischen Alphabets ein eigenes Schriftsystem für die griechische Sprache entwickelt worden war. Es war indes so eng mit der mykenischen Palastkultur verbunden, dass es deren Untergang nicht überlebte.

II. Relative und absolute Chronologie der mykenischen Kultur: Erläuterungen zur Zeittafel

Die minoische Palastzeit und die Epoche der mykenischen Kultur gehörten der Mittleren und der Späten Bronzezeit Griechenlands an. Mit Bezug auf das Festland *(Hellas)* spricht man in der ägäischen Archäologie von der «mittelhelladischen» (abgekürzt MH) und «späthelladischen» (SH) Zeit, für Kreta von der «mittelminoischen» (MM) und der «spätminoischen» (SM) Zeit.

Generell werden die mittelhelladische und die mittelminoische Zeit der ersten Hälfte des 2. Jahrtausends v. Chr. zugewiesen, die späthelladische und die spätminoische Zeit seiner zweiten Hälfte. Genauere Kalenderdaten können nicht festgelegt werden, da die minoischen Schriften nicht entziffert sind und die mykenischen Linear-B-Texte keine Hinweise auf datierbare Ereignisse enthalten. Dauer und Phasen der minoischen und der mykenischen Kultur werden daher nach der archäologischen Methode der *relativen Chronologie* ermittelt, das heißt: Ereignisse und kulturelle Entwicklungen werden im Rahmen der relativen zeitlichen Bezugsfelder «früher» (= älter), «später» (= jünger) und «synchron» (= gleichzeitig) geordnet. Als Zeitmesser dienen die stilistischen Veränderungen der Fundkeramik im Verlauf der Nutzungsphasen von Siedlungen und Gräbern. Kulturelle «Gleichzeitigkeit», «Synchronismus» zwischen einzelnen Fundorten oder ganzen Regionen wird dann angenommen, wenn ihre Keramik und andere Elemente der Sachkultur auffallende stilistische und technische Übereinstimmungen aufweisen oder wenn Nachweise für den Austausch von Gütern sowie die Übertragung von technischen Neuerungen und sozialen oder politischen Organisationsformen vorliegen.

Das mittelminoische Kreta war dank der «Älteren Paläste» bereits eine Hochkultur, während die mittelhelladische Kultur Griechenlands prähistorisch geprägt blieb. Der Aufstieg der

	KRETA		FESTLAND		
1700	MM III	Minoische Neupalastzeit		MH III A	1700
				MH III B	1650
1600	SM I A		Schachtgräber von Mykene	SH I	1600
1500	SM I B		Frühmykenische Zeit	SH II A	1500
1450/30	SM II	Knossos		SH II B	1450
1400	SM III A1		Mykenische Palastzeit	SH III A1	1400
	SM III A2	Mykenisches Kreta		SH III A2	1360
1300	SM III B1			SH III B1	1300
	SM III B2			SH III B2	1250
1200	SM III C Früh Spät	Nachmykenisches Kreta	Nachpalatiale mykenische Zeit	SH III C Früh Mitte Spät	1200
1100					1100

2 – Zeittafel (Grafik M. Börner, Institut OREA).

mykenischen Kultur begann zwar in der dritten und letzten Phase der mittelhelladischen Zeit (MH III), im Wesentlichen war aber die mykenische Epoche identisch mit der späthelladischen Zeit. Entsprechend den Stilperioden der Fundkeramik wird sie in drei Hauptabschnitte – SH I, SH II und SH III – eingeteilt, die ihrerseits in Unterabschnitte gegliedert werden wie etwa SH IIA oder SH IIIB. Weitere Unterteilungen wie z. B. SH IIIA1 und SH IIIB2 wurden durch den ständigen Zuwachs von Grabungsmaterial und Forschungsergebnissen notwendig.

Für Kreta wurde eine analoge spätminoische (SM) Phaseneinteilung entwickelt, die sich mit dem mykenischen System aufgrund der engen kulturellen Wechselbeziehungen und des regen Austausches von Objekten korrelieren lässt. Dabei ergaben sich zeitliche Überschneidungen zwischen SH I und SM IA, ebenso zwischen SH IIA und SM IB sowie Synchronismen zwischen SH IIB und SM II (s. Kap. V). Ab SH IIIA und SM IIIA stimmen die Phaseneinteilungen weitgehend überein.

Eine weitere relativchronologische Gliederung teilt die mykenische Kultur in drei längere, durch gemeinsame Merkmale charakterisierte Abschnitte ein, sog. *Perioden.* Es sind dies die «Frühmykenische Zeit/Periode» (MH IIIB bis SH IIB), die «Palastzeit» (SH IIIA und IIIB) und die «Nachpalatiale Zeit» (SH IIIC). Die entsprechenden Perioden der minoischen Kultur sind «Neupalastzeit» (MM III/SM IA und IB), «Mykenisches Kreta» (SM II bis IIIB2) und «Spätminoische Zeit» (SM IIIC).

Freilich war es von Anfang an ein weiteres Ziel der Forschung, die relative mykenische Chronologie an die *absolute Chronologie* unserer Zeitrechnung heranzuführen. Das älteste Verfahren, die *archäologisch-historische Datierungsmethode,* stützt sich auf Synchronismen zwischen den ägäischen Kulturen und Ägypten, die sich durch ägyptische Objekte an ägäischen Fundorten und umgekehrt durch minoisches und mykenisches Fundmaterial (hauptsächlich Keramik) aus ägyptischen Grabungen nachweisen lassen. Kontakte Ägyptens mit dem minoischen Kreta und dem mykenischen Griechenland sind auch durch ägyptische Schriftquellen und Bilddarstellungen bezeugt. Die Bedeutung dieser Synchronismen liegt darin, dass Ägypten die einzige Kultur des östlichen Mittelmeerraumes ist, deren Stufen in absolute Kalenderdaten umgerechnet werden können. Demnach lassen sich die frühmykenischen Phasen wie auch die Neupalastzeit Kretas mit dem frühen Neuen Reich Ägyptens (frühe 18. Dynastie) synchronisieren, dessen Beginn um 1550 v. Chr. datiert wird. Damals waren aber die ägäischen Kulturen bereits voll entwickelt, so dass der Beginn der mykenischen Zeit spätestens um 1600 v. Chr. anzusetzen ist. Die Datierung von SH IIB und SH IIIA stützt sich auf Synchronismen mit den Regierungszeiten der Pharaonen ab der Alleinregierung Thutmosis' III. um 1450 (SH IIB). SH IIIA1 fällt in die Regierungszeit Amenophis' III. (1390–1353) und SH IIIA2 in jene Echnatons und Tutenchamuns (1353–1324). Synchronismen mit der 19. Dynastie Ägyptens (vor allem mit Ramses II.) weisen

SH IIIB dem 13. Jh. v. Chr. zu. Für SH IIIC (12. und 11. Jh. v. Chr.) fehlen dagegen Synchronismen mit Ägypten.

Meinungsverschiedenheiten in der ägyptologischen Forschung bezüglich der absoluten Chronologie des Neuen Reiches haben neuerdings zu «hohen» und «niedrigen» Zeitansätzen geführt. Da sie aber kaum um mehr als 25 bis 30 Jahre, also etwa eine Generation, divergieren, haben sie keine gravierenden Auswirkungen auf den ohnehin sehr allgemeinen Rahmen für die absolute Chronologie der Ägäis.

Seit einigen Jahrzehnten werden für absolute Datierungen in der ägäischen Archäologie auch *naturwissenschaftliche Methoden* eingesetzt, deren Jahresdaten sich nicht auf den Beginn unserer Zeitrechnung, sondern auf die Gegenwart («before present» = «BP») beziehen. Die Methode der *Radiokarbondatierung* beruht auf dem regelmäßigen Zerfall des radioaktiven Isotops Kohlenstoff C14 (^{14}C) in abgestorbenen Organismen, der sich in einer konstanten Zerfallsrate, der sog. Halbwertszeit vollzieht. Aus der noch vorhandenen Menge von ^{14}C in der abgestorbenen organischen Substanz lässt sich berechnen, wie viele Jahre vor dem Zeitpunkt der Messung eine Pflanze aufgehört hat zu wachsen oder ein Tier gestorben ist.

Absolute Jahresdaten werden ferner durch die Methode der *Dendrochronologie* gewonnen. Sie bestimmt das Alter von Hölzern auf der Basis der Wachstumsringe, die die Baumstämme jedes Jahr ansetzen und deren Breite je nach klimatischen und anderen Bedingungen variiert. In einem komplizierten Verfahren wurde eine standardisierte Baumringabfolge («Jahrringchronologie») für bestimmte Regionen ausgearbeitet und mithilfe von Überlappungen in den Lebenszeiten der Bäume immer weiter in die Vergangenheit verlängert. Hölzer und Holzobjekte aus archäologischen Fundzusammenhängen können daher durch den Vergleich ihrer Jahresringe mit der standardisierten Jahrringchronologie ganz bestimmten Wuchszeiträumen zugeordnet, ja sogar jahrgenau datiert werden.

Die historisch-archäologischen und die naturwissenschaftlichen Daten harmonieren weitgehend ab 1400 v. Chr. Für die Zeit davor klaffen sie jedoch um mindestens 100 Jahre auseinander, mit weitreichenden Folgen für die Chronologie und die historische Beurteilung der frühmykenischen Periode. Der Grund ist die umstrittene Datierung des Vulkanausbruchs auf Thera (heute Santorin), der wegen der dadurch verursachten Zerstörung der minoischen Stadt von Akrotiri als Angelpunkt für die Chronologie von SM IA gilt. Die teils heftigen Debatten zwischen Naturwissenschaftlern, Ägyptologen und ägäischen Archäologen haben bisher zu keiner einhellig akzeptierten Lösung geführt. Die Jahreszahlen unserer Zeittafel entsprechen daher einem aktualisierten Stand der historisch-archäologischen Chronologie unter Beibehaltung der traditionellen Datierung des Vulkanausbruchs auf Thera um ca. 1530 v. Chr. (siehe Abb. 2 Zeittafel).

III. Historischer Hintergrund und kulturelle Voraussetzungen: Die Mittelbronzezeit Griechenlands

Unter dem Eindruck der grandiosen Funde aus dem «Schliemann-Gräberkreis» von Mykene galt die Entstehung der mykenischen Kultur lange Zeit hindurch als ein gleichsam kometenhafter Aufstieg aus primitiven Verhältnissen direkt ins Hochkulturstadium, der durch die Übertragung der Kultur der Jüngeren Paläste Kretas auf das griechische Festland ausgelöst worden sei. Man sprach sogar von einer «minoisch-mykenischen» Kultur. Dieses Bild hat sich seit der Entdeckung eines zweiten Gräberkreises in Mykene Anfang der 1950er Jahre (s. Kap. IV) wie auch durch die archäologische Forschung im Lauf der letzten Jahrzehnte zwar nicht als falsch, aber als zu einseitig erwiesen. Die dominierende Prägung der frühmykenischen Kultur durch minoische Bildkunst, Symbolik, Handwerk und Technologie war nur die eine, allerdings spektakulärste Seite dieser Kultur. Hauspläne und Grabformen, Siedlungsweise und Sozialordnung(en) der frühmykenischen Ära waren dagegen kaum von minoischen Vorbildern geprägt, und vor allem wurden weder Bürokratie noch Schrift und administrativer Siegelgebrauch der minoischen Paläste eingeführt. Diese Seite der frühmykenischen Kultur beruhte auf gesellschaftlichen und politischen Veränderungen auf dem Festland selbst, die zur Herausbildung von Ranggesellschaften und politischen Eliten führten und eine aktive Auseinandersetzung mit der minoischen Hochkultur überhaupt erst möglich machten. Ansatzpunkt für diesen Umwandlungsprozess waren die kulturellen Verhältnisse in Griechenland während der Mittelbronzezeit.

1. Das frühe 2. Jahrtausend (ca. 2000–1700 v. Chr.)

In dieser Zeitspanne entwickelten sich das Festland und Kreta äußerst unterschiedlich. Im Lauf der vorangegangenen Frühbronzezeit des 3. Jahrtausends v. Chr. hatten sich in allen Regionen der Ägäis Kulturen mit Siedlungen städtischen Charakters, differenzierten Gesellschaftsformen und Herrschaftsstrukturen herausgebildet, die von Hochkulturen nicht mehr weit entfernt waren. Doch nur auf Kreta erblühte in der Mittelbronzezeit, der *mittelminoischen (MM) Ära*, tatsächlich die erste Hochkultur auf europäischem Boden: die Kultur der Altpalastzeit (ca. 1900–1700 v. Chr.) mit den Palästen von Knossos, Phaistos, Malia und Petras, ihren hoch entwickelten organisatorischen, technischen und künstlerischen Leistungen und mit der Herausbildung eines eigenen Schriftsystems (s. Kap. I). Sie standen mit vielen Regionen der Ägäis und des östlichen Mittelmeerraums in wirtschaftlichem Kontakt, und mit den Höfen des Alten Orients und Ägypten wurden diplomatische Beziehungen und kultureller Austausch gepflegt. Die Herrscher waren mit religiöser oder sogar göttlicher Macht ausgestattet.

Auf dem Festland dagegen endeten die frühbronzezeitlichen Kulturen in einer Periode von Zerstörungen und Niedergang. Danach waren die ersten Phasen der festländischen Mittelbronzezeit zwischen 2000 und 1700, der *mittelhelladischen (MH) Periode*, geprägt von einfachen prähistorischen Kulturen, die weder an ihre früheren Errungenschaften anzuschließen noch in Beziehungen zu den minoischen Palästen einzutreten vermochten. Minoische Objekte gelangten auf das Festland höchstens über die Inseln Kythera (wo eine minoische Kolonie existierte), Ägina und die Kykladen. Doch bei aller Rückständigkeit der mittelhelladischen Kulturen sollten ihre kreativen Fähigkeiten nicht unterschätzt werden. Ein eindrückliches Beispiel ist die Keramik, deren stilistische Entwicklungen nicht nur die Einteilung des Mittelhelladikums in drei relativchronologische Phasen (MH I, II, III) ermöglichten, sondern auch die Grundlage für die Entstehung der frühmykenischen Keramikstile bildeten.

2. Die Übertragung der griechischen Sprache

Zu den Faktoren, die am Zusammenbruch der frühbronzezeitlichen Kulturen des Festlands beteiligt waren, gehörte mit einiger Wahrscheinlichkeit die Einwanderung neuer Bevölkerungsgruppen. Aus sprachwissenschaftlicher Sicht befanden sich darunter die Angehörigen jenes Zweiges der indogermanischen Sprachfamilie, aus dem die griechische Sprache hervorging. Seit der Entzifferung der Linear-B-Schrift steht schließlich fest, dass die Träger der mykenischen Kultur Griechisch sprachen. Fest steht aber auch, dass die Hälfte des griechischen Lexikons nicht griechisch und oftmals nicht einmal als indogermanisch erklärbar ist, insbesondere Orts-, Fluss- und Gebirgsnamen (z. B. *Korinthos*, *Parnassos*), Pflanzennamen (z. B. *kyparissos* – Zypresse) und Kulturwörter (z. B. *plinthos* – Ziegel). Sogar das heute noch gebräuchliche Wort für «Meer», *thalassa*, ist nicht griechischen Ursprungs. Die Träger der griechischen Sprache waren demnach nicht immer in der südlichen Balkanhalbinsel ansässig gewesen, sondern waren Einwanderer, die mit den alten mediterranen Kulturen in einen Prozess sprachlicher und kultureller Auseinandersetzung und Integration eintreten mussten. Dieser Prozess, durch den die Entwicklung der griechischen Sprache entscheidend geprägt wurde, nahm wohl längere Zeit in Anspruch und könnte den verzögerten Kulturfortschritt des Festlands zwischen 2000 und 1700 v. Chr. erklären. Kreta, das nicht von den Umstürzen am Beginn der Mittelbronzezeit betroffen war, blieb dagegen ein Teil der vorgriechischen Welt, jedenfalls ist die Sprache der minoischen Schriften nicht indogermanisch. Diese sprachwissenschaftliche Theorie ist nicht ohne Widerspruch geblieben, besonders was den zeitlichen Ansatz der griechischen Einwanderung betrifft. Dennoch: Spätestens in mittelhelladischer Zeit mussten sich die Träger der griechischen Sprache auf der Halbinsel angesiedelt haben, denn der Übergang zur mykenischen Ära bedeutete keinen kulturellen Bruch, sondern die Weiterentwicklung und Transformation mittelhelladischer Kulturelemente.

Dürfen wir also die Bewohner Griechenlands während der mykenischen Periode bereits als «Griechen» ansehen? Diese Frage darf bejaht werden, sofern man darunter nach dem gewöhnlichen Sprachgebrauch Menschen mit griechischer Muttersprache versteht. «Mykenäer/Mykener» ist ohnedies ein künstlich geschaffener Name. Es empfiehlt sich aber, von «mykenischen Griechen» zu sprechen, im Unterschied zu den *Hellenes* im Sinne der politischen und kulturellen Selbstwahrnehmung der Griechen von der klassischen Antike bis heute.

3. Ägina

Die Insel Ägina im Saronischen Golf, die zum mittelhelladischen Kulturbereich gehörte, erholte sich rasch von den Zerstörungen des späten 3. Jahrtausends. Die prähistorische Stadt unter dem Apollon-Tempel auf dem Kolonna-Hügel wurde wieder aufgebaut und ständig erweitert, ihre mächtigen Stadtmauern, die auch den heutigen Besucher beeindrucken, fanden ihresgleichen nur in Troja. Der Wohlstand der Stadt beruhte auf einem weit gespannten Netz wirtschaftlicher Verbindungen vornehmlich mit den Kykladen und dem altpalastzeitlichen Kreta wie auch mit vielen Regionen des Festlands, wo die qualitativ hochwertige äginetische Keramik sehr geschätzt war. Ein monumentales Gebäude im Zentrum der Stadt wird als Sitz einer Führungselite interpretiert, die sich, entsprechenden Funden zufolge, als seefahrende Kriegerschicht definierte und minoische Elemente in ihren Lebensstil integrierte. Ein herausragendes Mitglied dieser Oberschicht wurde im späten 18. Jh. v. Chr. mit einem Schachtgrab am Fuß der Stadtmauer und nahe dem Stadttor geehrt. Die markante Lage der Grabstelle und die Beigaben – ein Golddiadem, reiche Waffenausstattung und Feinkeramik – weisen den hier Begrabenen als einen Kriegerfürsten aus. Dieses bisher älteste bekannte Schachtgrab zeigt erstaunliche Parallelen zu den frühmykenischen Schachtgräbern von Mykene, deren Vorbild es vielleicht war (s. Kap. IV).

4. Der Beginn der Neupalastzeit Kretas

Um 1700 v. Chr. wurden die Älteren Paläste zerstört, wahrscheinlich durch Erdbeben. Während der darauf folgenden Neupalastzeit (1700–1450), die zwei Phasen hatte (MM III und SM I; s. Zeittafel), erreichte die minoische Kultur ihren absoluten Höhepunkt. Abgesehen von der enormen Ausstrahlung der minoischen Kunst, war diese Epoche geprägt von der offensiven Handels- und Expansionspolitik der Paläste, allen voran von Knossos, die ein weites Handelsnetz im östlichen Mittelmeerraum monopolisierten und die Beziehungen zu den Herrscherhäusern der Levante und Ägyptens intensivierten. Minoische Handelskolonien wurden auf den Kykladen, auf Rhodos und in Milet in Westanatolien im Dienste der wirtschaftspolitischen Interessen der Paläste eingerichtet und militärisch abgesichert. Durch die minoischen Gouverneure und Verwaltungsbeamten, Händler und Kolonisten wurde ein minoischer Lebensstil verbreitet, der in unterschiedlichem Grad die einheimischen Kulturen und deren Gesellschaft beeinflusste. Das berühmteste Beispiel ist die eng mit Knossos verbundene, weitgehend minoisierte Stadt von Akrotiri auf Thera/Santorin.

Die dominierende Rolle Kretas in der Ägäis zwischen 1650 und 1450 v. Chr. wird gerne als *minoische Thalassokratie* (Seeherrschaft) bezeichnet, in Anlehnung an antike Berichte über Kreta unter dem sagenhaften König Minos, der das Ägäische Meer beherrscht haben soll.

5. Die letzte Phase der Mittelbronzezeit auf dem Festland und der Aufbruch in die mykenische Ära

Die dritte Phase der mittelhelladischen Periode des griechischen Festlandes (MH III, ca. 1700–1600 v. Chr.) wird nach der keramischen Chronologie in zwei Abschnitte gegliedert: MH IIIA (zeitgleich mit MM III der Neupalastzeit Kretas) und MH IIIB (aufgrund der Keramik aus dem Gräberkreis B von Mykene zeitgleich mit dem frühen SM IA der Neupalastzeit; s. Zeittafel).

Während dieser Zeit beendeten neue, hoch dynamische gesellschaftliche Entwicklungen die kulturelle Stagnation des Festlands und leiteten den Übergang in die mykenische Ära ein. Der archäologische Befund für MH III zeigt eine Zunahme der Siedlungsdichte, wahrscheinlich infolge wachsender Bevölkerungszahlen. Viele neue Ansiedlungen wurden gegründet, und bestehende Niederlassungen und Begräbnisareale vergrößerten sich. Es entstand eine neue «Siedlungslandschaft», d. h. eine neue Verteilung der Siedlungen in den Landschaften der Peloponnes und Mittelgriechenlands, die sich bis zum Ende der mykenischen Ära kaum mehr änderte. Leider bedeutet das auch, dass vielerorts die mittelhelladischen und frühmykenischen Strukturen durch spätere Bautätigkeit überlagert oder überhaupt beseitigt wurden, vor allem an den Standorten der Paläste.

Glücklicherweise blieben an einigen Fundorten Strukturen aus MH III erhalten. Ihnen zufolge veränderte sich die Hausarchitektur wenig, aber es entstanden größere, nach Plan angelegte Siedlungen mit in jeweils gleicher Richtung orientierten Wohneinheiten und Durchgangswegen. Das Zusammenleben in diesen Gemeinwesen und die Organisation ihrer wirtschaftlichen Belange wie Arbeitsteilung oder Aufteilung von Grund und Boden erforderten eine politische Regelung, die in einer wirtschaftlichen und sozialen Differenzierung der Einwohnerschaft resultierte. Führungsgruppen entstanden, die sich durch Tüchtigkeit im Kampf und bei der Jagd auszeichneten und sich Vorteile bei der Nutzung der Ressourcen sicherten. Ebenso grenzten sie sich von der übrigen Gemeinde territorial und in der Lebensführung ab, wodurch noch vor dem Übergang zur mykenischen Ära ein Siedlungstyp entstand, der für die frühmykenische Zeit charakteristisch werden sollte: Die höheren gesellschaftlichen Ränge wohnten auf strategisch günstig gelegenen Hügeln in ummauerten Residenzen («Akropoleis») und kontrollierten das umliegende Agrarland ebenso wie Überlandrouten und Handelswege. Die übrige Bevölkerung besiedelte eine «Unterstadt» an den Abhängen oder im Umkreis des Burgberges. Das bislang besterhaltene frühe Beispiel dafür ist *Argos*, wo auf der Kuppe des niedrigeren der beiden Stadthügel, der wegen seiner Form *Aspis* («Schild») genannt wird, in MH IIIB ein ummauertes Wohngebiet mit großen mehrräumigen Gebäuden, Straßen und Höfen lag. In den Ruinen fand man Tierknochen zusammen mit Ess- und Trinkgefäßen aus Feinkeramik, Zeugnisse eines gehobenen Lebensstils. Auch die reichen Beigaben einiger Gräber am Abhang der Aspis deuten in diese Richtung. Unterhalb dieses Hügels erstreckte sich entlang einer Überlandroute die nach Plan angeordnete Unterstadt.

Im Begräbniswesen kam es zu einer vergleichbaren Entwicklung. Die breite Bevölkerung wurde in schlichten Steinkisten und Gruben mittelhelladischer Tradition mit wenigen oder ohne Beigaben begraben. Angehörige der Oberschicht wurden dagegen in Gräbern beigesetzt, die zwar aus diesen Grabtypen hervorgingen, sich aber durch baulichen Aufwand, örtliche Lage und steigenden Wert der Grabbeigaben von der alten Tradition absetzten. Bestes Zeugnis dafür ist der in MH IIIB errichtete Grabkreis B von Mykene (s. Kap. IV).

Der gesellschaftliche und kulturelle Wandel am Übergang von MH IIIB zu SH I, also an der Wende vom 17. zum 16. Jh., kann als formatives Stadium der mykenischen Kultur gesehen werden. Der entscheidende Schritt in die mykenische Ära bestand dabei in der Kontaktaufnahme festländischer Eliten zu auswärtigen Kulturen und in der Annäherung an die minoische Palastkultur.

IV. Die Zeit der Schachtgräber von Mykene (ca. 1650–1525)

1. Überblick

Die Ursprungsgebiete der mykenischen Kultur waren drei Regionen der Peloponnes, die dem minoischen Kreta am nächsten lagen: die Argolis, Lakonien und Messenien. Siedlungsbefunde aus frühmykenischer Zeit sind selten, und so sind es vornehmlich Gräber, aus denen das Quellenmaterial für den Beginn und die erste Phase der mykenischen Kultur (MH IIIB und SH I) stammt. Hauptquelle sind die Schachtgräber von Mykene, die wie durch ein Wunder drei Jahrtausende unversehrt überdauerten. Dem Einwand, dass durch sie das Bild der beginnenden mykenischen Ära auf die Argolis eingeengt werde, widersprechen die neuesten Forschungsergebnisse für Messenien und Lakonien. Entstehung und erste Phase der mykenischen Kultur konnten regionale Varianten haben, waren aber im Wesentlichen dieselben wie in Mykene: Treibende Kraft waren gesellschaftliche Gruppierungen, die im späten 17. Jh. in ihren Gemeinwesen die Führung übernommen und sich den Löwenanteil an Grundbesitz, landwirtschaftlichen Gütern und Rohstoffen gesichert hatten (s. S. 28 f.). Es mussten Menschen von großem Machtstreben und Wagemut gewesen sein, deren Charakteristika herausragende militärische Tüchtigkeit und materieller Reichtum waren, den sie sich durch Aktivitäten in einem weiten geographischen Bereich innerhalb und außerhalb der Ägäis beschafften. Sie bewohnten separierte, ummauerte Wohnbezirke in Höhenlage, kontrollierten das umliegende Territorium und die Überlandrouten, pflegten einen gehobenen Lebensstil und wurden in aufwändigen Gräbern an prominenten Punkten in der Nähe ihrer Residenzen beigesetzt. Durch ihre Kontakte mit Trägern der überlegenen minoischen Palastkultur gelangte eine Fülle minoischer Kunstgegenstände auf das Festland, die einen prägenden und nachhaltigen Einfluss auf die weitere Entwicklung der mykenischen Kunst und Kultur ausübten. Heute versieht man die frühmykenischen Führungsgruppierungen zwar mit dem unverbindlichen Etikett «Eliten», aber auch der Begriff «Aristokraten» ist vertretbar: Das Wort *agathos* («gut»), dessen ursprüngliche Bedeutung «vornehm, hochgestellt» noch bei Homer lebendig ist, erscheint in den Linear-B-Texten als Personenname *a-ka-to* (*Agathon*, «der Edle, Vornehme»). Da auch *areion* («edler, besser») in den Linear-B-Texten belegt ist, dürfen die Superlative *aristos, aristoi* («der Beste», «die Besten») – bei Homer abermals für die höchsten gesellschaftlichen Ränge gebraucht – ebenfalls für das mykenische Griechisch vorausgesetzt werden.

2. Mykene

Der heutige Besucher von Mykene nimmt schon von weitem die gewaltigen «kyklopischen» Befestigungsmauern und die Ruinen des Palastes wahr, die den steilen Hügel bis hinauf zu seiner höchsten Kuppe bedecken (siehe Abb. 1). All das existierte in frühmykenischer Zeit noch nicht, denn Paläste, mit denen der Begriff «mykenische Kultur» oftmals gleichgesetzt wird, entstanden erst im 14. Jh. (s. Kap. VI). Von der früheren Besiedlung des Burghügels blieb in Mykene nur sehr wenig übrig, aber zwei herausragende Grabmonumente an seinem Fuß deuten darauf hin, dass sich auf seiner Kuppe ein Herrensitz vom «Akropolis-Typ» (s. S. 29) befand. Im Umkreis des Burgberges erstreckte sich ein weites Siedlungsgebiet, und an seinen unteren Abhängen lag ein großer Grabbezirk. An markanten Punkten dieses «Prehistoric Cemetery» standen die beiden monumentalen Grabbauten, derer der Besucher von Mykene im 16. Jh. auf seinem Weg aus dem Tal als Erstes ansichtig wurde.

Auf einer Bodenerhebung, auf der im 13. Jh. das «Kuppelgrab der Klytämnestra», Schliemanns «Schatzhaus beim Löwentor», errichtet wurde, befand sich der ältere *Gräberkreis B*, der in den 1950er Jahren von Ioannis Papadimitriou ausgegraben und von Georgios Mylonas publiziert wurde. Das jüngere, von Heinrich Schliemann entdeckte und heute *Gräberkreis A* genannte Gräberrund erhob sich an noch prominenterer Stelle direkt am Burghügel. Beide Monumente verfügten über einen großen Mauerring, der eine Gruppe von Gräbern einschloss, auf deren Grabhügeln Stelen als Grabsteine (siehe Abb. 3c) aufgerichtet waren. Im Kreis A befanden sich sechs Gräber, die in der Forschung mit römischen Ziffern bezeichnet werden, die 26 Gräber des Kreises B tragen griechische Buchstaben. Die heutige Lage des Kreises A hinter der Burgmauer und dem Löwentor wie auch der doppelte Plattenring gehen erst auf das 13. Jh. (SH IIIB) zurück (s. S. 77; 79; 91).

In den Gräbern des Kreises B, der im späten 17. Jh. (MH IIIB) gegründet wurde, spiegelt sich der Wandel von der mittelhelladischen zur frühmykenischen Kultur. Die zwölf ältesten Gräber waren einfache Gruben oder Steinkisten für Einzelbeisetzungen und enthielten keine oder nur bescheidene Beigaben. Bestes Beispiel ist das Kistengrab *Sigma* mit dem Skelett eines älteren, massiv gebauten Mannes, den die Archäologen nach dem mythischen Stammvater des Herrscherhauses von Mykene «Pelops» tauften. Er wurde zwar durch eine Anhäufung von Steinen über dem Grab geehrt, hatte aber keine Beigaben. In der Übergangszeit vom 17. zum 16. Jh. (MH IIIB – SH I) entwickelte sich aus den einfachen mittelhelladischen Grabformen das aufwändig gebaute, für mehrere Beisetzungen geeignete mykenische *Schachtgrab*. Ein großer rechteckiger Schacht wurde tief in den Felsboden gegraben, mit einem Kieselbelag versehen und dann bis zur halben Höhe mit Mauern ausgekleidet. Der/die jeweilige Tote wurde mit den Beigaben auf den Boden gelegt, danach wurde der Schacht mit einer Dachkonstruktion abgedeckt und mit Erde aufgefüllt. Darüber häufte man den Grabhügel und stellte die Stele darauf. Dieser Vorgang wiederholte sich bei jeder neuen Beisetzung, sodass sich auf manchen Gräbern mehrere Stelen erhoben. 14 Gräber des Kreises B gehörten diesem Typ an, wobei schon im frühesten, noch nicht voll entwickelten Schachtgrab *Zeta* ein minoisches Rapier mit Elfenbeinknauf und sechs keramische Gefäße aus spätem MH IIIB neben einem

Mann lagen, der als «der vielleicht mächtigste Kämpfer seiner Zeit» beschrieben wird. Von da an nahmen Zahl und Qualität der Beigaben stetig zu bis zu den reichen Beisetzungen in SH I im 16. Jh.

Der Gräberkreis A wurde kurz vor oder zu Beginn von SH I gegründet und das ganze 16. Jh. hindurch belegt. Alle seine sechs Gräber waren Schachtgräber, die letzten Beisetzungen datieren ins 15. Jh. (SH IIA). In SH I wurden demnach beide Gräberkreise eine Zeitlang nebeneinander benutzt. Ihre Gräber waren vergleichbar ausgestattet, doch waren die Beigaben des Kreises B weit weniger luxuriös. Die Gefäße aus dem Kreis B beispielsweise bestanden vorwiegend aus Keramik, im Kreis A mehrheitlich aus Edelmetall und Bronze, und minoische Objekte waren im Kreis B, abgesehen von Schwertern und Dolchen, geringer an Zahl. Man könnte sagen, dass sich an den Gräbern des Kreises B der Aufstieg der Elite von Mykene zur Macht ablesen lässt, während sich die Festigung ihrer Herrschaft in den spektakulären Beigaben der Schachtgräber (SG) III, IV und V des Kreises A spiegelt. Die Pflege der alten, einfachen Grabformen und Begräbnistraditionen im «Prehistoric Cemetery» blieb der breiten Bevölkerung überlassen.

Die Menschen der Gräberkreise von Mykene

Naturwissenschaftliche Analysen der menschlichen Überreste ergaben, dass Männer wie Frauen dank besserer Lebensbedingungen und eiweißreicher Kost höher gewachsen, robuster gebaut und von besserer Gesundheit waren als die übrige Bevölkerung. Trotzdem wurden Männer selten über 35 Jahre alt, besonders jene des Kreises A. Ihre Knochen wiesen Spuren von körperlichem Stress und extremer Beanspruchung des Bewegungsapparates auf, es gab verheilte Kopfwunden und Knochenbrüche. Anscheinend spielten Kämpfe in ihrem Leben keine geringe Rolle, wie auch die überragende Bedeutung der Waffen unter den Grabbeigaben für Männer vermuten lässt. Führungseliten vom Typ der frühmykenischen Oberschicht (s. u.) sind wenig stabil, da sie zu internen Rivalitäten und Machtkämpfen neigen, und zudem waren Streitigkeiten mit benachbarten Gemeinden um Territorium, Jagdgebiete und Grenzziehungen wohl ebenfalls keine Seltenheit.

Überraschende Ergebnisse zur *sozialen Struktur der Schachtgräberelite* wurden neuerdings durch plastische Gesichtsrekonstruktionen an Schädeln und DNA-Analysen an Knochen gewonnen. Für den Kreis B wurden drei Personengruppen identifiziert, unter denen es zwar verwandtschaftliche Verbindungen gab, deren drei «Stammväter» (darunter «Pelops» aus dem Kistengrab *Sigma* und der mächtige Kämpfer aus SG *Zeta*) jedoch nicht miteinander verwandt gewesen waren. Zumindest der Kreis B war demnach nicht, wie früher angenommen, die Grabstätte einer Familie, eines Verwandtschaftsverbandes («Clan», Sippe) oder gar einer fürstlichen «Dynastie». Eher waren es Mitglieder eines politischen Bündnisses, das von Männern unterschiedlicher familiärer Herkunft zum Zweck der Übernahme der Herrschaft in Mykene gegründet und durch verwandtschaftliche Verflechtungen unter ihren Nachkommen bestärkt wurde. Bündnisse dieser Art neigen jedoch zu Rivalitäten um die Rangordnung und zu Führungskämpfen. Die Gründung des Gräberkreises A nach zwei Generationen könnte das Ergebnis solcher innerer Auseinandersetzungen gewesen sein, und die Auflassung des Kreises B im Verlauf von SH I war vermutlich das Ergebnis eines Machtwechsels. Für den Gräberkreis A gibt es nun tatsächlich Hinweise, dass Personen, die gemeinsam in einem Grab bestattet wurden, miteinander verwandt waren. Die Individuen in den prunkvollsten Schachtgräbern III, IV und V könnten demnach im Verlauf des 16. Jh. eine Herrscherfamilie gebildet haben, worauf auch die goldumhüllte Kinderleiche in SG III hindeuten würde (s. u.). Molekularbiologische Untersuchungen ergaben ferner, dass mindestens eine der vier im Kreis A identifizierten Frauen nicht aus Mykene stammte, was auf eine bei Aristokraten aller Zeiten übliche überregionale Heiratspolitik hindeutet.

Frauen und Kinder waren in beiden Gräberkreisen unterrepräsentiert (27 % bzw. 7 %), aber mit den reichsten Beigaben ausgestattet. Wahrscheinlich handelte es sich um Gattinnen, Schwestern und Kinder der mächtigsten Kriegerfürsten. Dicht bei einer überaus prunkvoll ausgestatteten, nicht aus Mykene stammenden Frau im SG III lagen 63 dünne Goldbleche samt einer kleinen Maske, mit denen die Leiche eines Kindes vollkommen umhüllt gewesen war. Die Gesamtgröße der Umkleidung und das Fehlen von Knochenresten deuten auf einen Säugling hin. Der Gedanke liegt nahe, dass zugleich mit diesem Kind (und seiner Mutter?) auch dynastische Hoffnungen begraben wurden.

Archäologische Befunde

Begräbnissitten und Totenrituale der Elite von Mykene lassen sich aus dem archäologischen Material nur teilweise erschließen, etwa die Vorbereitung der Gräber und der Beerdigungsvorgang. Aufbahrung, Totenklage und der feierliche Leichenzug von der Akropolis zum Grab sind archäologisch nicht belegt, dürfen aber aufgrund von Zeugnissen aus späteren mykenischen Perioden auch für die Schachtgräberzeit vorausgesetzt werden. Hinweise auf Totenfeiern am Grab wurden im Kreis B gefunden: Nach der Auffüllung des Schachtes fand ein Leichenmahl für die Teilnehmer am Begräbnis statt und Trinksprüche wurden auf die Toten ausgebracht. Dann zerschlug man die benutzten Gefäße, häufte die Scherben und die Überreste des Mahles über dem Schacht auf und deckte alles mit dem Grabhügel zu. Eine zentrale Funktion in allen Phasen der Begräbnisfeiern kam ohne Zweifel den Grabbeigaben zu, die sich heute im Nationalen Archäologischen Museum in Athen und im Archäologischen Museum in Mykene befinden. Sie machen auf den ersten Blick deutlich, dass die Führungselite von Mykene die Begräbnisse ihrer Mitglieder zum Anlass nahm, ihr Selbstverständnis und jene Stärken zu demonstrieren, auf die sich ihr Herrschaftsanspruch gründete: kriegerische Überlegenheit, Reichtum und ein weites Netzwerk auswärtiger Beziehungen.

Bei den Männerbeigaben dominierten die *Waffen,* die meist minoischen Typs und oft auch minoischer Herkunft waren. Zur Mindestausstattung aus langem Stichschwert, einem oder zwei Dolchen und einer langen Stoßlanze kam fast immer eine Reihe weiterer Angriffswaffen hinzu. Die berühmteste Schutzwaffe ist der «Eberzahnhelm», eine mit Lamellen aus den Stoßzähnen von Wildebern bedeckte Lederkappe (siehe Abb. 8). Ihre Besitzer mussten zugleich erfolgreiche Jäger gewesen sein, erforderte doch der Besatz eines einzigen Helmes die Stoßzähne von über 30 Ebern. Die Ideologie der Elite von Mykene als *Heldenkrieger und kühne Jäger* wird besonders durch die Darstellungen heroischer Zweikämpfe und gefährlicher Jagden auf Löwen und andere mächtige Tiere vermittelt, die auf Stelen beider Grabkreise sowie auf Siegelbildern und auf den Einlegearbeiten dreier Prunkdolche aus dem Kreis A zu sehen sind (siehe Abb. 3a. 3b. 4a). Ihre symbolische Botschaft ist klar: Frühmykenische Anführer wollten als löwengleich starke und ebenso mutige Kämpfer wahrgenommen werden. Von Schilden, die aus organischen Materialien gefertigt waren, ist fast nichts erhalten, doch die Bilddarstellungen zeigen zwei berühmte, mannshohe Typen (siehe Abb. 3a; b; 4a) den gewölbten, viereckigen «Turmschild», dem Homers «Ilias» ein fernes Echo bewahrt, und den achtförmigen Schild mit stark eingezogener Mittelpartie, der zu einem bevorzugten Motiv der mykenischen Kunst wurde.

Die unterschiedliche Zahl und Qualität der Waffen signalisierte vom Beginn der mykenischen Ära an *Rangunterschiede* innerhalb der Führungsgruppe. Dazu traten als Zeichen eines höheren Ranges die *Prunkschwerter* und *Prunkdolche,* Meisterwerke minoischer Schmiedekunst mit Griffverkleidungen aus getriebenem Goldblech und ritzverzierten Klingen, die sich für den Kampf eher nicht eigneten. In SG IV und SG V des Kreises A wurde der Aufwand an Waffenbeigaben auf die Spitze getrieben: Für insgesamt sieben männliche Beisetzungen wurden mehr als 50 Schwerter und Dolche, unzählige weitere Waffen und obendrein zahlreiche Prunkschwerter und Prunkdolche niedergelegt, darunter die drei erwähnten prachtvollen Dolche mit kunstvollen figuralen Einlegearbeiten auf den Klingen (siehe Abb. 4a). Auf einem goldenen Siegelring aus SG IV und auf Grabstelen über SG IV und V ist ferner erstmals ein neues Gerät dargestellt, das heute als «Markenzeichen» der Eliten aller mykenischer Epochen gilt: der zweirädrige, von zwei Pferden gezogene *Streitwagen* (siehe Abb. 3c). Das SG IV enthielt außerdem Pferdegeschirrteile. Der Wagen selbst und die Ausbildung der

3a – Goldsiegel mit der Darstellung eines Zweikampfes, SG III (1,8 × 1,2 cm).

3b – Goldener Siegelring mit der Darstellung des «Kampfes in der Felsenschlucht», SG IV (3,5 × 2,1 cm).

3c – Stele über dem Schachtgrab V (H: 1,33 m).

4a – Dolchklinge aus SG IV, verziert mit Einlegearbeiten aus edlen Metallen; Teilansicht.

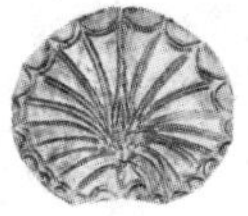

4b – Zierscheiben aus getriebenem Goldblech, SG III.

4c – Zierscheiben aus getriebenem Goldblech, SG III.

Pferde wurden im 18. Jh. in Vorderasien entwickelt, verbreiteten sich rasch über den ganzen Vorderen Orient und kamen, neuesten Erkenntnissen zufolge, über den Karpaten- und Donauraum (s. S. 43) nach Griechenland. Ob die Darstellungen von Lanzenkampf und Jagd mit dem Streitwagen angesichts der schwierigen Geländeverhältnisse in Griechenland der Realität entsprachen, muss dahingestellt bleiben, zweifellos konnten jedoch damit größere Distanzen schneller überwunden und Territorien leichter kontrolliert werden. Vor allem aber eignete sich der Streitwagen hervorragend für herrschaftliche Repräsentation.

Den stärksten Eindruck unter den Männerbeigaben hinterlassen noch heute die sechs *Gesichtsmasken* aus getriebenem Edelmetallblech. Die einzige Maske des Gräberkreises B, die im SG *Gamma* neben der letzten männlichen Beisetzung aus SH I stand, besteht aus Elektron, einer natürlich vorkommenden Legierung aus Gold und Silber. Masken aus Goldblech lagen in SG IV und SG V des Grabkreises A auf den Gesichtern von fünf

5a – Goldmaske, sog. «Agamemnon», SG V.

5b – Diadem (unten) und Zackenkrone (oben) aus getriebenem Goldblech, SG III.

Männern, von denen zwei außerdem goldene Brustbleche trugen. Die sechs Masken stellen zwei Gesichtstypen dar, der eine rund und lächelnd mit offenen, leicht vorquellenden Augen, der andere dreieckig mit hoher Stirn, langer Nase und geschlossenen Augen. Zum zweiten Typ gehören die Elektronmaske aus Kreis B, vor allem aber die «Agamemnon»-Maske aus SG V (siehe Abb. 5a), die technisch und künstlerisch alle anderen Masken bei weitem übertrifft und von einem bedeutenden Künstler hergestellt worden sein muss. Die Masken von Mykene waren in der Ägäis ohne Vorläufer, und es ist unklar, woher die Idee kam – zumal sie nur für Mykene bezeugt sind. Bezüglich ihrer Funktion weiß man heute, dass sie weder Porträts noch Totenmasken sein konnten, sodass es müßig wäre, über Familienähnlichkeiten zu spekulieren. Am ehesten sprechen ihre geringe Zahl und die überreiche Ausstattung der betreffenden Beisetzungen dafür, dass sie *Herrscherinsignien* waren, und das Gleiche gilt wahrscheinlich für ein Zepter aus dem SG IV.

Diademe, elliptische Stirnbänder aus reich verziertem, getriebenem Goldblech, waren Statussymbole, die von beiden Geschlechtern getragen wurden (siehe Abb. 5b). Wie die Masken hatten sie keine Entsprechungen in der minoischen Palastkultur und blieben auf den mykenischen Bereich beschränkt. Ihre ornamentalen Verzierungen waren ebenfalls nicht minoisch, da sie anfangs freihändig ausgeführt wurden und manchmal ungeschickt wirken. Erst in SH I wurden sie sorgfältig mit Schablonen in das Goldblech getrieben und zeugen vom Fortschritt des mykenischen Goldschmiedehandwerks. Diademe aus robustem Goldblech dürften auch zu Lebzeiten getragen worden sein, dünne Exemplare waren wohl reiner Totenschmuck.

Schmuckstücke beeindrucken durch die Vielfalt ihrer Materialien. Bereits die frühen Schachtgräber des Kreises B enthielten einfachen Goldschmuck sowie Ketten aus Halbedelsteinen, Fayence und Bernstein. *Männerschmuck* – Halsketten, Armreife und Siegel – diente, ähnlich wie die Prunkwaffen, zur Kennzeichnung von Rangunterschieden. Viele dieser Stücke waren minoische Arbeiten. Am reichsten waren die Männer von SG IV und SG V des Kreises A ausgestattet, die zusätzlich zu ihren

Waffen, Diademen und Masken mit Prunkketten, schweren Oberarmreifen und Siegelringen geschmückt waren und an ihren Handgelenken mit Schnüren befestigte Siegel trugen. *Frauenschmuck* war in beiden Gräberkreisen sehr reich. Es gab Ketten und Colliers aus Gold-, Fayence-, Halbedelstein- und Bernsteinperlen, goldene Ohrgehänge, Gold- und Silberringe sowie schwere Bronze- und Silbernadeln mit Köpfen aus Bergkristall oder Goldblech. Auf den Diademen waren zudem goldene Blattsterne aufgesetzt. Hohe, fragile Zacken mit ähnlichem Dekor wie die Diademe gehörten zu Totenkronen, die wahrscheinlich neben die Leichname gestellt wurden (siehe Abb. 5b). Eine Besonderheit des überreichen Totenschmucks in den Schachtgräbern III, IV und V waren viele Hunderte von kleinen goldenen, an den Leichentüchern von Männern und Frauen befestigten *Schmuckblechen*, die mit Treibarbeiten aus geometrischen Ornamenten, Figuren und Symbolen verziert waren (s. S. 48 f.).

Eine große Gruppe von Beigaben waren *Prestigeobjekte*, die den aufwändigen Lebensstil und die überregionalen Verbindungen ihrer Besitzer zur Schau stellen sollten. Neben Ziergegenständen aus Edelmetall, Alabaster, Elfenbein und Fayence fanden sich Artikel der gehobenen Körperpflege (goldene Schminktöpfchen, Elfenbeinkämme, bronzene Pinzetten, Rasiermesser, Spiegel) und der aristokratischen Gastlichkeit, d. h. wertvolles Trinkgeschirr aus Keramik und aus Edelmetallen sowie bronzene Gefäße für die Zubereitung von Speisen. Im Kreis A wurden ferner minoische Kultgegenstände niedergelegt, darunter der berühmte silberne Stierkopf mit vergoldeten Hörnern und der Löwenkopf aus Goldblech, beides Gefäße vom Rhyton-Typ (d. h. ausgestattet mit einer zweiten, kleineren Öffnung zum Spenden von Trankopfern). Straußeneier, Ketten aus Bernstein mit seinen «magischen» elektrischen Eigenschaften und ein seltsames, hirschförmiges Silbergefäß anatolischer Herkunft faszinierten als «Exotika».

Auswärtige Kontakte

Der Großteil der Grabbeigaben in beiden Gräberkreisen war nicht von einheimischen Handwerkern gefertigt, und auch die Materialien zu ihrer Herstellung waren im lokalen Bereich nicht zu finden. Die Elite von Mykene, für die diese Gegenstände zur Festigung ihrer Macht und wirtschaftlichen Überlegenheit sowie zur Gewinnung von Gefolgsleuten dienten und nicht zuletzt ein Mittel im internen Wettkampf um Prestige darstellten, entfaltete Aktivitäten in einem überraschend weiten geographischen Umfeld, um an die begehrten Güter zu gelangen. Wie sich diese Kontakte gestalteten, ist unbekannt, jedenfalls aber war die Begegnung mit fremden Kulturen ein wichtiger Faktor bei der Entfaltung der mykenischen Kultur.

Die am häufigsten gestellte Frage lautet indes: *Woher kam das viele Gold nach Mykene?* Angesichts der Überfülle minoischer Goldobjekte in den Schachtgräbern und der Verbindungen der minoischen Paläste zu Ägypten und dessen Goldreichtum gilt nach allgemeiner Meinung *Kreta* als Herkunftsregion. Bei genauerem Hinsehen finden sich jedoch minoische Goldobjekte erst unter den Grabbeigaben aus SH I, mit einer massenhaften Häufung in den Fürstengräbern III, IV und V des Kreises A. Die frühen Schachtgräber des Kreises B aus der Übergangszeit MH IIIB – SH I enthalten dagegen keine Hinweise auf direkte Verbindungen zu den minoischen Palästen. Die goldenen Diademe, Blattsterne und der Goldschmuck stammten weder ihrem Charakter noch den Verzierungen nach aus Kreta, und die minoischen Schwerter und minoische Wertgegenstände kamen eher von *Ägina* und den *Kykladen.* Es scheint daher, dass die Kriegerelite von Mykene mit den Trägern der minoischen Kultur zuerst im Rahmen der Seeherrschaft Kretas (s. Kap. III) in Berührung kam und dort, vielleicht als Söldner, in den Besitz minoischer Waffen und Wertgegenstände gelangte.

Zur selben Zeit zeichneten sich bereits, wie an den Gräbern des Kreises B ersichtlich wird, überraschend frühe Beziehungen zu viel ferneren Regionen ab. Aus *Süditalien,* wo binneneuropäische und mediterrane Handelswege aufeinandertrafen, kamen um 1600 v. Chr. Bernsteinketten und mit ihnen wahrscheinlich

Zinn aus England und Kupfer aus Italien und Mitteleuropa nach Mykene. Gleichzeitige Verbindungen zum *Südostbalkan* und dem *östlichen Donau- und Karpatenraum* sind einerseits im Gräberkreis B durch goldene Ohrringe siebenbürgischen Typs, die lokale Abwandlung einer mitteleuropäischen Bronzenadel sowie durch Goldschmuck und Silberimporte von der Halbinsel Chalkidike belegt und andererseits in Gebieten nördlich von Griechenland durch Importe und Nachahmungen ägäischer Schwerter und mykenischer Metallgefäße. Auf dieser Grundlage entstand die alternative, allerdings vielfach angezweifelte Theorie über eine Herkunft des mykenischen Goldes aus dem Donau- und Karpatenraum, wo sich Kulturen mit einem hoch entwickelten Metallhandwerk in Gold, Silber und Bronze herausgebildet hatten. Diese Theorie könnte neuen Auftrieb durch das älteste Goldbergwerk Europas erhalten, das vor kurzem im bulgarischen Rhodopen-Gebirge ausgegraben wurde. Freilich sind die Fundbearbeitung und vor allem die Metallanalysen abzuwarten, aber zumindest ein Teil des in Mykene verarbeiteten Goldes könnte tatsächlich aus dem Balkan stammen. In letzter Zeit konnten archäologische Spuren mykenischer Verbindungen nach Norden entlang der Küste Mittelgriechenlands bis zur Chalkidike verfolgt werden.

Die Einführung des *Streitwagens* in Mykene war, neuesten Forschungen zufolge, ebenfalls ein Ergebnis aristokratischer Beziehungen zwischen Mykene und dem Donau- und Karpatenraum, dessen einheimische Eliten sich das Fachwissen über Streitwagentechnologie und Pferdezäumung durch Beziehungen zu Kleinasien angeeignet hatten. Aus der Vermittlung dieses Prestigegerätes nach Mykene ergab sich zwischen dem kleinasiatischen, dem osteuropäischen und dem mykenischen Raum ein kultureller Austausch, der in den sog. «mykenischen Ornamenten» (s. S. 48 f.) auf den beinernen Pferdetrensen, Scheiben und Knöpfen aus Goldblech aus den Schachtgräbern IV und V fassbar wird. Ähnliche Verzierungen fanden sich auf Pferdegeschirrteilen und anderen Beinobjekten dieser Zeit im Donau- und Karpatenraum sowie in Kleinasien.

Es waren wohl der Zugang zu Metallen und der Besitz des

prestigeträchtigen Streitwagens, die die Elite von Mykene schließlich für direkte Beziehungen mit den *minoischen Palästen* qualifizierten. Insbesondere mit Knossos entstand im 16. Jh. geradezu eine Partnerschaft, die einen entscheidenden Einfluss auf die mykenische Kulturentwicklung zur Folge hatte und durch die in SH I eine unglaubliche Fülle minoischer Gegenstände aus Gold und anderer Exklusivgüter nach Mykene kam.

3. Weitere Fundplätze der Argolis

Argos, von frühesten Zeiten an die bedeutendste Siedlung der Region, musste zu Beginn des 16. Jh. ihren Vorrang an Mykene abtreten. Die Gräber enthielten zwar wertvolle Beigaben wie Diademe, konnten sich aber nicht mit den Schachtgräbern von Mykene messen. An dritter Stelle stand der Hafen *Asine* mit planmäßig angeordneter Siedlung und teils aufwändig ausgestatteten Gräbern, und in der Bucht von Argos war der Hafen von *Lerna/Myli*, dessen Glanzzeit das 3. Jahrtausend v. Chr. gewesen war, immer noch von gewisser Bedeutung, bezeugt durch zwei Schachtgräber.

In der Korinthia wurden in *Tsoungiza*, einer Siedlung aus SH I in der Nähe des Zeus-Heiligtums von Nemea, zwei Rechteckbauten mit mittigem Zugang, einem Vordach mit Pfostenstütze und einem Hauptraum mit zentraler Herdstelle ausgegraben. Dieser archäologisch als «Megaron» bezeichnete Haustyp kam aus der festländischen Architekturtradition und kann als Vorläufer des zentralen Elementes der mykenischen Palastarchitektur gesehen werden.

4. Lakonien und Messenien

Der Übergang von der mittelhelladischen zur mykenischen Kultur erfolgte in diesen beiden Landschaften gleichzeitig mit der Argolis, doch werden minoische Kontakte früher fassbar als etwa im Gräberkreis B von Mykene. Das hat mit der geographischen Nähe zur minoischen Kolonie auf der Insel *Kythera* zu tun, mit der die Bewohner beider Landschaften seit der Altpalastzeit Beziehungen pflegten. Aus *Lakonien,* das Kythera am nächsten lag, hatten Minoer schon in der Altpalastzeit roten Marmor und den berühmten *Lapis lacedaemonius* (grüner Porphyr) für Gefäße und Siegelsteine bezogen, und gegen Ende des 17. Jh. wurden Einflüsse aus Kreta in der Sachkultur Lakoniens wirksam. In *Pellana* und *Epidauros Limera* entstanden wie in Messenien in SH I Felskammergräber, das erste Kuppelgrab Lakoniens wurde jedoch erst im 15. Jh. gebaut (s. Kap. V.1, Ausgewählte Fundstätten).

Messenien stand ebenfalls schon früh in Beziehungen zu Kythera und wohl auch zu Kreta, denn schon im späten 17. Jh. (MH IIIB) wurden minoische Objekte in den Gräbern niedergelegt. Der wichtigste Beitrag Messeniens zur Kultur von SH I waren das *Kuppel-* oder *Tholosgrab* und das mykenische *Felskammergrab,* beides Ruhestätten für Verwandtschaftsgruppen (Familien oder Sippen). Diese Grabformen gelten als «Markenzeichen» der mykenischen Kultur. Obgleich beide Typen nach einem gleichartigen, regelmäßigen Plan mit Zugang (Dromos), Eingang (Stomion) und Grabkammer angelegt waren, unterschieden sie sich doch grundlegend voneinander. Das Tholosgrab mit runder Grabkammer und Kragkuppel wurde aus Steinen aufgebaut und mit einem großen Erdhügel bedeckt. Die Kammergräber mit ihren meist rechteckigen Grabkammern wurden dagegen in den Felsen von Hügeln oder Berghängen gehauen. Die Kuppelgräber waren wahrscheinlich eine einheimische Erfindung, abgeleitet von den mittelhelladischen künstlichen Grabhügeln (Tumuli) Messeniens aus Steinen und Erde, die über Einzelbestattungen in Gruben, Steinkisten oder übergroßen Gefäßen aufgeschüttet wurden. Im späten 17. Jh. wurde in der malerischen Bucht von *Voïdokilia* ein Kuppelgrab sogar direkt in einen mittelhelladischen Tumulus hineingebaut. Minoische Vorbilder der Kuppelgräber sind daher eher unwahrscheinlich, aber an ihrer architektonischen Realisierung waren vielleicht minoische Baumeister (aus Kythera?) beteiligt. Die Einführung des Felskammergrabes dagegen war, mangels Vorbildern auf dem Festland, möglicherweise von den minoischen Felsengräbern auf Kythera inspiriert. Ohnehin war die Zahl der

Kammergräber in frühmykenischer Zeit noch gering, während sich die Kuppelgräber rasch über ganz Messenien verbreiteten und an vielen Orten gleich mehrfach vertreten waren. Obwohl fast kein Kuppelgrab einer späteren Plünderung entging, deuten unterschiedliche Größe, Bauaufwand und das, was von den Beigaben erhalten blieb, auf die Existenz gesellschaftlicher Rangordnungen hin. Die größten und reichsten Kuppelgräber Messeniens wurden für politische Eliten gebaut, deren Grabbeigaben jenen aus den Schachtgräbern von Mykene glichen.

Der geographischen Verteilung der großen Kuppelgräber zufolge scheint es in Messenien, anders als in der Argolis, mehrere gleichrangige Machtzentren gegeben zu haben. Das zweifellos interessanteste lag auf dem Hügel von *Ano Englianos* bei Chora, über den sich später der «Palast des Nestor» erstreckte. Bei den Ausgrabungen des Palastes stieß man auf die Überreste einer frühmykenischen Burg, von der eine breite Straße den Hügel abwärts und durch ein Tor im Nordosten der Befestigungsmauer zu einem (heute wieder aufgebauten) Kuppelgrab führte, der «Tholos IV». Vor kurzem wurden bei Tiefgrabungen für die Stützen des neuen Schutzdaches für den Palast Fragmente minoischer Wandmalereien und minoisch gearbeitete Mauerblöcke aus SH I entdeckt, Zeugnisse für minoische Elemente in der Architektur und Ausgestaltung der frühmykenischen Residenz. Die herrschende Elite wurde im 16. Jh. in der erwähnten «Tholos IV» begraben, es gab aber auch ein älteres Kuppelgrab aus MH IIIB, die «Tholos V». Soweit Beigaben dieser beiden Gräber erhalten sind, weisen sie Parallelen zu den Schachtgräbern von Mykene auf. Um die Akropolis lag eine Unterstadt, die schon in frühmykenischer Zeit ähnlich groß gewesen sein muss wie diejenige in Mykene.

Auf einem Hügel bei *Peristeria* im nördlichen Messenien lag eine ausgedehnte Siedlung aus SH I mit mehrräumigen, rechteckigen Häusern und einer Umfassungsmauer. Zwei dazugehörige Kuppelgräber waren groß, die Beigaben, soweit erhalten, reich und prunkvoll. Gefäße, Diademe, Goldschmuck, Perlen aus Halbedelsteinen und Bernsteinketten zeigen klare Parallelen zum Gräberkreis A von Mykene. Am südlichen Ausläufer des

Hügels lag ein drittes, kleineres Kuppelgrab, das wegen der vielen einfachen, ärmlichen Beisetzungen als Begräbnisstätte von (Verwandtschafts-?)Gruppen der gewöhnlichen Einwohnerschaft des Umkreises interpretiert wird. Auf einem Hügel bei *Malthi* im Soulima-Tal liegt die einzige vollständig ausgegrabene Siedlung der Zeit. Die in den 1930er Jahren freigelegten Häuser und die Umfassungsmauer werden derzeit neu untersucht, um offene Fragen zum Plan, zur Funktion und zur genauen Datierung der Siedlung zu klären.

5. Zur Kunst der Schachtgräberzeit

Jener Bereich der frühmykenischen Kultur, auf den die Bezeichnung «minoisch-mykenisch» am ehesten zutrifft, ist die Kunst. Minoische Objekte wurden auf dem Festland nicht nur bewundert und kopiert, sondern die Anlehnung an die höfische minoische Kunst bedeutete zugleich das Ende einer eigenen festländischen Kunstentwicklung. Die Fertigkeiten der einheimischen Handwerker standen in der Tradition der Mittelbronzezeit und hatten den technischen und künstlerischen Höchstleistungen der minoischen Palastwerkstätten nichts entgegenzusetzen. Dies gilt besonders für figurale Darstellungen. So lassen beispielsweise die von einheimischen Steinmetzen geschaffenen Reliefs auf den Grabstelen der Gräberkreise von Mykene (siehe Abb. 3c) zwar die Fähigkeit zum Umgang mit abstrakten Ornamenten erkennen, aber die unbeholfenen Bilddarstellungen stehen in krassem Gegensatz zur perfekten Beherrschung der naturalistischen Darstellung von Haltung, Bewegung und Drehung menschlicher und tierischer Körper der minoischen Bildszenen auf Siegeln und den Einlegearbeiten der Prunkdolche. Wahrscheinlich war die «Minoisierung» der mykenischen Kunst vor allem ein gesellschaftliches und politisches Phänomen, hinter dem weniger ein ästhetisches Bedürfnis als der Drang der machtorientierten mykenischen Eliten nach Selbstdarstellung und überregionaler Geltung stand. Andererseits ließen die Aristokraten, die Höchstleistungen der minoischen Bildkunst mit ins Grab nahmen, ausgerechnet die weithin

6a – Fußschale aus getriebenem Goldblech, SG IV (H: 15 cm).

sichtbaren Grabsteine von einheimischen Steinmetzen gestalten. War die Botschaft dieser klobigen Bilder für die breite Bevölkerung bestimmt, bei der die Erinnerung an die toten Kriegerfürsten über das glanzvolle Begräbnis hinaus erhalten bleiben sollte? Zahlreiche minoische Kunstwerke aus den Schachtgräbern von Mykene weisen ferner stilistische und inhaltliche Elemente auf, die auf Kreta nicht zu finden waren. Dies ist aber ein weites und tausendfach abgehandeltes Thema, zu dem im vorliegenden Rahmen nur einige Punkte angedeutet werden können.

1. Ein klarer, strenger Aufbau von Gefäßen aus Keramik oder Metall wird der festländischen Tradition zugewiesen (siehe Abb. 6b), im Unterschied zur raffinierten Formgebung minoischer Vasen (siehe Abb. 6a). Flache oder hochfüßige Schalen mit zwei Vertikalhenkeln («Kantharoi») gelten ebenfalls als festländisches Erbe.

2. Als weiteres «mykenisches» Element gilt die Neigung zu Stilisierung und Symmetrie. Die steifen Schmetterlinge, Kraken und Palmblätter der Treibarbeiten auf den dünnen Goldblechscheiben (s. S. 41) in den Gräbern des Kreises A (siehe Abb. 4b) unterscheiden sich deutlich von den gestanzten Blechen mit naturalistisch gestalteten Menschen, Tieren und religiösen Objekten, die unmittelbar als minoische Arbeiten erkennbar sind. Nicht minoisch wirken ferner die «mykenischen Muster» aus Kreisaugen, Spiralen, Wirbeln und Wellenbändern (siehe

6b – Kantharos aus Gold, SG IV (H: 11,5 cm).

Abb. 4c), die sorgfältig mit dem Zirkel konstruiert und so geschickt in den Bildträger eingepasst wurden, dass der gleichzeitige Eindruck von Bewegung und Stillstand entsteht. Die Muster entstanden im Zuge der nördlichen Kontakte der festländischen Eliten. Symmetrisch, sozusagen «wappenartig» angeordnete Tiere und Symbole auf den Gliedern goldener Prunkketten oder auf Siegelbildern werden ebenfalls eher mykenischem als minoischem Geschmack zugeschrieben.

3. Nicht minoisch ist ferner der Drang, Bildflächen zu überfüllen *(«horror vacui»)*. Als Beispiele seien die Spiralmuster unter, zwischen und neben den Figuren auf der Grabstele von Abb. 3c angeführt oder die verzierten Goldbleche auf einem sechseckigen Holzkästchen aus SG V, das im Nationalmuseum in Athen ausgestellt ist.

4. Dramatische Kampf- und Jagdszenen auf Siegelringen und Prunkdolchen der SG III, IV und V wurden auf Kreta nur selten dargestellt. Ihre Thematik ging wahrscheinlich auf mykenische Auftraggeber zurück, vielleicht in Anspielung auf Heldenerzählungen wie im Fall der Darstellung der Rettung eines Mannes vor zwei Angreifern durch den zentralen Helden des «Kampfes in der Schlucht» auf dem Siegelring von Abb. 3b. Die künstlerische Gestaltung dieser Meisterwerke ist aber in jeder Hinsicht minoisch.

5. Dieser letzte Punkt führt zur Frage, wo und von wem die minoischen Kunstwerke der Schachtgräberzeit hergestellt wur-

den. Sie ist für Gegenstände aus Elfenbein, Glas, Fayence und Halbedelsteinen hinfällig: Diese waren sicher Importe aus Kreta, da sie oder ihre Materialien wiederum von den minoischen Palästen aus dem Osten importiert wurden und deren Werkstätten vorbehalten blieben. Anders verhält es sich mit Waffen und Goldobjekten, denn deren Materialien konnten auch durch die mykenischen Nord- und Westkontakte erworben worden sein. Sie könnten sowohl minoische Arbeiten als auch Werkstücke mykenischer Handwerker gewesen sein, die bei minoischen Künstlern gelernt hatten. Man denkt besonders an die Masken, die Diademe und die «mykenischen Muster» auf Goldscheiben und Knöpfen. Es ist auch denkbar, dass minoische Künstler auf das mykenische Festland geschickt wurden, um dort für mykenische Auftraggeber zu arbeiten, besonders im Hinblick auf Prunkwaffen, Wandmalereien, auf die hinreißenden Bilddarstellungen auf Goldsiegeln und die figuralen Einlegearbeiten auf Dolchklingen und nicht zuletzt auf die künstlerische Qualität der Agamemnon-Maske.

V. Blütezeit und Ende der frühmykenischen Periode (SH IIA – IIB/IIIA1, ca. 1520–1400/1390)

Um 1530/20 v. Chr. ereignete sich eine der größten Katastrophen des Mittelmeerraums, der Ausbruch des Vulkans von Thera/Santorin, durch den die minoische Stadt Akrotiri in meterhohen Schichten aus Bimsstein und Vulkanasche begraben wurde. Die Bewohner konnten zwar noch rechtzeitig die Insel verlassen, doch die meisten von ihnen kamen vermutlich in den Giftgasen und Flutwellen um. Einigen gelang vielleicht die Flucht nach Kreta oder auf das griechische Festland. Kreta wurde von Erdbeben, Aschenfall und Überflutungen heimgesucht, und der durch die damalige Windrichtung nach Osten getragene Aschenregen richtete sogar in Kretas östlichen Handelsplätzen auf Rhodos und in Kleinasien (Milet) Schaden an. Man darf ferner annehmen, dass viele Schiffe zerstört wurden. Einige Zeit später endeten der glanzvolle Abschnitt SM IA der Neupalastzeit und die Schachtgräberperiode des Festlands. Während des anschließenden Zeitabschnittes zwischen ca. 1520 und 1450 (SM IB) erreichte die minoische Kultur noch einmal eine Hochblüte vor allem in künstlerischer Hinsicht, doch die wirtschaftliche und militärische Macht der Paläste war durch die Folgen des Vulkanausbruchs und vor allem durch den Verlust von Akrotiri, dem zentralen Stützpunkt der minoischen «Seeherrschaft», geschwächt.

1. Das Festland zwischen 1520 und 1450 (SH IIA)

Auf dem Festland, wo der Vulkanausbruch keine oder keine archäologisch nachweisbaren Schäden angerichtet hatte, breitete sich in SH IIA (d. h. zeitgleich mit SM IB) die mykenische Kultur weiter aus. Auf der ganzen Peloponnes, in Attika und in Böotien entstanden mykenische Kammergrabfriedhöfe, das architektonisch aufwändige Kuppelgrab wurde von den Eliten der Argolis, Lakoniens und Attikas übernommen, und die mykenische «Glanztonkeramik» mit ihrer leuchtend schwarzbraunen oder roten Bemalung auf hellen Oberflächen verdrängte allmählich die regionalen Keramikstile. Leider fielen die meisten Gräber in späteren Zeiten der Plünderung zum Opfer. Manchmal allerdings übersahen die Grabräuber in den Kuppelgräbern Steinkisten oder Gruben, die in die Böden der Grabkammern eingelassen waren und intakte Beisetzungen enthielten, und auch aus den Kammergräbern wurden nicht alle Gegenstände verschleppt. Diese Befunde erlauben es, das frühe 15. Jh. für das mykenische Griechenland als eine Zeit politischer Stabilität und kultureller Blüte zu charakterisieren. Das Bemühen der mykenischen Eliten, ihre Lebensführung noch stärker an das minoische Vorbild anzugleichen, ist ebenso unübersehbar wie der zunehmende minoische Einfluss auf die mykenische Religion. Sozialordnung, politische Strukturen und Grabsitten erscheinen dagegen nicht minoisch beeinflusst, und an Schriftwesen und Bürokratie bestand ebenfalls (noch) kein Bedarf.

Ausgewählte Fundstätten

Mykene: Funde von Resten einer Umfassungsmauer, Feinkeramik sowie Fragmente von Wandmalereien mit minoischen Themen auf dem Burghügel stammen von einer Residenz des 15. Jh., ebenso wie große Mengen von Tierknochen, Austern- und Muschelschalen. Letztere gelten als Hinterlassenschaften männlicher Tafelrunden, da Eiweiß von Fisch und Meeresfrüchten bisher nur in männlichen Skeletten der Oberschicht nachgewiesen wurde. Die Siedlung rund um die Burg breitete sich offenbar weiter aus, denn die meisten der 27 Kammergrabfriedhöfe der Palastzeit enthielten bereits Gräber aus SH IIA. Die Beigaben in den Kammergräbern umfassten Waffen und Statusobjekte, die anscheinend nicht mehr allein ein Vorrecht der Aristokratie waren. Diese trumpfte dafür mit dem baulichen Aufwand und der Größe der Kuppelgräber auf. Für die führenden Familien wurden nicht weniger als sechs Kuppelgräber errichtet, von denen jedoch keines der Plünderung entging. Die beiden größten, das «Löwengrab» und das «Grab des Ägisth», standen dem Burghügel am nächsten und lösten wahrscheinlich den Gräberkreis A ab, der im 15. Jh. nur noch kurze Zeit genutzt wurde. Die vier anderen Tholosgräber wurden in einigem Abstand von der Burg, in der Nähe von Kammergrabfriedhöfen gebaut.

Mykene lag im Zentrum wichtiger Überlandrouten zwischen der Bucht von Argos, dem Golf von Korinth und dem Saronischen Golf, wo Ägina-Kolonna nach wie vor eine wichtige und unabhängige Handelsstadt war. Neue Herrschaftssitze der Argolis scheinen von diesem Netzwerk profitiert zu haben. Dazu gehörten *Prosymna* (der Ort des späteren Heiligtums der Hera von Argos) und *Dendra* am östlichen Rand der Ebene, beide mit reich ausgestatteten Kammergräbern, sowie *Berbati* in einem östlichen Seitental der Argolis mit Akropolis-Siedlung und Kuppelgrab und *Kazarma* mit Kuppelgrab an der heutigen Straße nach Epidauros.

In *Lakonien* liegt südlich von Sparta das bekannte Kuppelgrab von *Vaphio*, eines der größten seiner Zeit, in dessen Kammer ein Steinkistengrab mit einer fürstlichen Beisetzung der

7a – Goldbecher aus getriebenem Goldblech, Kuppelgrab von Vaphio (H: 8 cm).

7b – Goldring aus dem «Schatz von Tiryns» (5,7 × 3,5 cm).

7c – Amphore aus Kakovatos mit Dekor im Palaststil (H: 78 cm).

Plünderung entgangen war. Obwohl menschliche Überreste nicht erhalten sind, gilt es als Männergrab. Die berühmtesten Fundstücke sind zwei Becher aus Goldblech mit den wahrscheinlich prachtvollsten minoischen Treibarbeiten, die wir kennen (siehe Abb. 7a). Ihr Reliefschmuck behandelt ein minoisches Thema, den Stierfang: einmal dramatisch auf freier Wildbahn, das andere Mal friedlich in ländlichem Umfeld. Besonders aussagekräftig für die mykenische Kulturentwicklung des 15. Jh. sind 29 Siegel, deren Zahl größer und deren Bildrepertoire reicher ist als in Gräbern der Schachtgräberzeit, und dazu Waagschalen, ein minoischer Gewichtsatz und minoisches Kultgerät.

In *Messenien* wurden in *Ano Englianos/Pylos* drei große Gebäude mit Fassaden aus rechteckigen, glatten Kalksteinblöcken und etlichen anderen Elementen minoischer Architektur nachgewiesen. Ein weiteres Kuppelgrab («Tholos III») entstand, das bis in die Palastzeit verwendet wurde. 2015 entdeckten amerikanische Archäologen zwischen dem frühmykenischen Burgtor und der «Tholos IV» ein intaktes, mit Platten gedecktes Schachtgrab, das die überaus reiche Beisetzung eines Kriegerfürsten enthielt, des «Griffin Warrior» (benannt nach einem mit Greifen verzierten Kamm aus Elfenbein). Die über 2000 Beigaben waren so luxuriös, dass es nicht einmal keramische Gefäße gab, was die Datierung erschwert. Auffallend ist das Vorwiegen minoischer Objekte, unter denen viele wegen ihres künstlerischen und symbolischen Wertes sogar aus minoischen Königsschätzen hätten stammen können, besonders vier prachtvolle goldene Siegelringe mit religiösen Darstellungen, eine einzigartig gearbeitete goldene Halskette und 50 Siegelsteine, darunter ein Achatsiegel mit spektakulärer Kampfdarstellung. All dies erregt den Verdacht, dass es sich um Beutegut im Zusammenhang mit der Eroberung Kretas am Ende von SH IIA um 1450 handeln könnte (s. S. 61; 63). In *Peristeria* entstand mit der «Tholos 1» ein drittes Kuppelgrab, eines der größten und reichsten Messeniens. Zwei minoische Steinmetzzeichen auf einem Kalksteinblock am Eingang des heute restaurierten Grabes weisen auf die Mitwirkung minoischer Baumeister an seiner Errichtung hin. In der eingestürzten «Tholos 2» von *Routsi/Myrsinochori* unweit von Englianos wurden Prunkdolche, Siegel mit religiösen Darstellungen, Gefäße im «Palaststil» (s. S. 59) und exzellente minoische Importgefäße aus SM IB gefunden.

Nahe der Nordgrenze zwischen *Triphylien* und Messenien lag auf einem Hügel bei *Kakovatos* ein Herrenhaus, das die umliegende Küstenregion beherrschte, und am Fuß des Hügels standen drei Kuppelgräber des 15. Jh., die 1907/1908 ausgegraben wurden und von denen heute nur noch die Reste von zweien erhalten sind. In der größten, nicht völlig ausgeraubten Tholos A fand man große Amphoren im «Palaststil» (siehe Abb. 7c), prachtvollen Goldschmuck, Bernsteincolliers, Pferdetrensen mit «mykenischen Mustern» und Elfenbeinobjekte, Zeugnisse für ein weites Netzwerk von aristokratischen Verbindungen mit Austausch von Luxusobjekten. Ihretwegen wurde Kakovatos bis zur Entdeckung des Palastes von Ano Englianos 1939 mit Pylos, dem Palast des Königs Nestor bei Homer, identifiziert. Vor wenigen Jahren wurde die Ruine des Gebäudes auf der Akropolis untersucht. Die erhaltenen Mauern werden in SH IIB datiert, aber der Bau war bereits in SH IIA gegründet worden. Er stand auf einer Terrasse, die von einer monumentalen Mauer aus regelmäßig zugehauenen Blöcken gestützt wurde. Vom Gebäude selbst blieb nur das unterste Geschoss mit Wirtschafts- und Lagerräumen erhalten. In *Achaea* besitzt *Aegion* einen vorzüglichen Hafen mit der kürzesten Verbindung über den Golf von Korinth nach Mittelgriechenland. Aus SH IIA stammen ein Herrenhaus, eine städtische Ansiedlung und ein Kammergrabfriedhof.

Außerhalb der Peloponnes sei *Thorikos* in Attika mit der Akropolis und zwei Tholosgräbern genannt, das über die weithin begehrten Metalle Silber und Blei aus den benachbarten Silberminen von Lavrion verfügte. In *Theben*, wo nie ein Kuppelgrab gebaut wurde, sind es große, aufwändig gestaltete Kammergräber mit elitären Objekten, erstklassiger mykenischer Keramik und minoischen Prunkgefäßen, die den Aufstieg eines bedeutenden Herrschaftszentrums mit auswärtigen Beziehungen bezeugen. Weiter nördlich lag in der Bucht von Atalanti die frühmykenische Hafenstadt *Mitrou*, die schon in SH I eine wichtige Partnerin im nördlichen Netzwerk der peloponnesischen Eliten gewesen war.

Gesellschaftliche Ordnung und politische Konsolidierung

Kammer- und Kuppelgräber gelten als Familiengrabstätten, was den Schluss zulässt, dass die gesellschaftliche Ordnung mykenischer Siedlungsgemeinden auf Verwandtschaftsverbänden (Sippe, Clan, griech. *genos*) beruhte. Ein solcher Verband setzte sich aus Familien zusammen, die sich von einem gemeinsamen Ahnen oder einer gemeinsamen Ahnin ableiteten, und der Vorstand der Familie mit dem am längsten zurückreichenden Stammbaum war zugleich das Oberhaupt der Sippe. Je nach Größe konnte sich eine Gemeinde aus einem oder aus mehreren Verwandtschaftsverbänden zusammensetzen. Im Hinblick auf die *Herrschaftsverhältnisse* sind Kuppelgräber und elitäre Kammergräber mit ihren oft langen Nutzungszeiten ein Indiz dafür, dass sich das dynastische, d. h. erbliche Prinzip gegenüber den eher labilen Bündnisstrukturen der Schachtgräberzeit behauptete. Ansätze dazu hatte es schon früher gegeben (Gräberkreis A in Mykene, Kuppelgräber in Messenien), aber im 15. Jh. scheint die Herrschaft tatsächlich dauerhaft bei den mächtigsten Sippen gelegen zu haben, die den archäologischen Quellen zufolge nicht nur für das geordnete Zusammenleben und den militärischen Schutz der Gemeinde, sondern auch für Religion und Kult (s. S. 59 f.) verantwortlich waren. Diese Funktionen machen es wahrscheinlich, dass die Exponenten mächtiger Sippen schon im 15. Jh. den Titel *basileus* trugen, der von Indogermanisten als «der für die Sippenangelegenheiten Zuständige» oder auch als «Heerführer» gedeutet wird. Für die Palastzeit ist er in den Linear-B-Texten bezeugt, und von Homer an bis in die moderne Zeit ist *basileus* der Titel griechischer Könige.

Die Existenz mehrerer Kuppelgräber am selben Ort (vgl. Pylos, Peristeria, Kakovatos), die gleichzeitig in Gebrauch waren, lässt weniger auf monarchische denn auf oligarchische Herrschaftsformen schließen, d. h., die oberste Gewalt lag in den Händen von wenigen Personen. In Mykene entstanden nicht weniger als sechs Kuppelgräber. Das «Löwengrab» und das «Grab des Ägisth» gehörten wegen ihrer Lage offenkundig zur Akropolis, wo man sich neben dem Repräsentationsgebäude auch die Häuser der ranghöchsten Familien vorstellen darf. Die vier anderen Kuppelgräber lagen auf Hügeln in unterschiedlich weiter Entfernung vom Burgberg und in der Nähe von Kammergrabfriedhöfen. Die Gründe dafür könnten in der Aufteilung der Grundherrschaft (s. u.) gelegen haben.

Die geographische Verteilung von Kuppelgräbern und Akropolis-Siedlungen deutet darauf hin, dass das Territorium eines frühmykenischen Herrschaftsgebietes kaum die Grenzen der für die griechische Landesnatur typischen kleinräumigen Siedlungskammern überschritt. Diese Kleinstaaten standen untereinander wirtschaftlich und kulturell in einem lebhaften und überregionalen Austausch.

Wirtschaft

Es gibt keine Hinweise auf eine übergeordnete, sozusagen «staatliche» Wirtschaft, sondern die Ökonomie eines frühmykenischen Staates wurde von individuellen Haushalten getragen, deren wirtschaftliche Grundlage Ackerbau und Viehzucht waren. Ein solcher Haushalt (griech. *oikos*) setzte sich aus den Mitgliedern einer Familie oder Sippe mitsamt den abhängigen Arbeitskräften zusammen und lebte in Gehöften mit Wohn- und Wirtschaftsgebäuden und Nebenbauten für Tiere. Herr des Oikos war das Oberhaupt der jeweiligen Familie oder Sippe. Naturgemäß hatte ein aristokratischer Oikos einen größeren Einkommensbedarf als ein gewöhnlicher Haushalt. Siegelbilder dieser Zeit zeigen, dass militärische Unternehmungen, Streitwagenfahrt und Jagd nach wie vor das Leben und Selbstverständnis der Eliten prägten. Diese kostspieligen und trainingsintensiven Aktivitäten bedurften neben den Mitteln für die Beschaffung von Waffen, Streitwagenbestandteilen und Pferden bzw. für die Pferdezucht auch eines geschulten Personals, das zu versorgen war. Dazu kamen Repräsentationspflichten wie öffentliche Kulthandlungen und Opferfeste mit anschließenden Festmählern für die Gemeinde, der Unterhalt von Gefolgsleuten und auswärtigen Gästen, Gastgeschenke und natürlich der Aufwand für Repräsentationsbauten. Lagerräume, große Vorrats- und Transportgefäße oder die frühmykenische Töpfereiwerkstatt in Berbati weisen auf die Erzeugung und Speicherung größerer Mengen von Naturalien und Luxusprodukten (Olivenöl, Wein, Textilien, Feinkeramik) hin, die über den Bedarf des Oikos hinausgingen und für den Gütertausch bestimmt waren. Die große Anzahl von Siegelfunden aus SH IIA berechtigt ferner zu der Annahme, dass Siegel nicht mehr allein als Statussymbole dienten wie in der Schachtgräberzeit, sondern als Mittel zur Kennzeichnung und zum Schutz des Eigentums wie auch zur Kontrolle des Ein- und Ausganges von Gütern, also als Instrumente für die Verwaltung eines aristokratischen Haushaltes. Bezeichnenderweise waren zahlreiche Siegel dieser Zeit mykenische Werkstücke.

Ob die Herrschaftsträger in den frühmykenischen Kleinstaaten den gesamten Grund und Boden als ihr Eigentum («Grundherrschaft») beanspruchten oder ob sie sich einen angemessenen Teil vorbehielten und das übrige Land anderen Familien/Sippen in der Bevölkerung zum Eigentum überließen, aber im Gegenzug dafür die Leistung von Abgaben und Diensten einforderten, ist nicht zu entscheiden. Die Aufteilung von Grund und Boden hing wohl von der Größe der landwirtschaftlichen Nutzflächen, von der Zahl der Dörfer und Weiler im Herrschaftsgebiet und nicht zuletzt von der politischen Entscheidung der herrschenden Eliten ab.

2. Beziehungen zu Kreta

Die seit der reifen Schachtgräberzeit bestehenden direkten Kontakte zwischen den mykenischen Machtzentren und den minoischen Palästen wurden durch den Vulkanausbruch von Thera nicht unterbrochen, im Gegenteil. Die prachtvollen Goldtassen aus dem Vaphio-Grab wie auch die minoischen Preziosen und Importgefäße aus den Kuppelgräbern von Routsi, Peristeria, Kakovatos, Kazarma und in den Kammergräbern von Theben und Mykene vermitteln davon eine Vorstellung. Minoische

Künstler schmückten mykenische Herrenhäuser mit Wandmalereien, und in der Keramik trafen sich das Formgefühl der mykenischen Töpfer und das Stilempfinden minoischer Vasenkünstler in der Gestaltung der großen Kannen und der oft über 75 cm hohen Amphoren (geschlossener Gefäße mit drei waag- oder senkrechten Schulterhenkeln) des sog. «Palaststils» (siehe Abb. 7c). Sie sind elegant geformt und sorgfältig bemalt, und prächtiger Dekor aus stilisierten Meereswesen (Oktopus, Argonaut, Koralle, Seetang), Pflanzen (Papyrus, Palme, Efeu) und abstrakten Motiven (Spirale, Rosette, Doppelaxt etc.) überzieht die großen Oberflächen. Diese pompösen Gefäße dienten keinem praktischen Zweck, sondern dem Repräsentationsbedürfnis der gesellschaftlichen Eliten, sie wurden in Herrenhäusern und in Gräbern als Schaustücke aufgestellt. Mykenische ebenso wie minoische Schmiede arbeiteten an der technischen Weiterentwicklung von Schwertern und Dolchen.

Minoische Einflüsse wirkten sich nunmehr auch im Bereich der mykenischen *Kultpraxis* aus. Wie weit religiöse Inhalte betroffen waren, muss allerdings offen bleiben, da wir die Gottheiten der frühmykenischen Zeit nicht kennen. Wohl aber bezeugen mykenische Siegelbilder und Kultobjekte aus dem 15. Jh. die Übernahme minoischer Rituale im Bereich von Tier-, Brand- und Trankopfern, und Gefäße vom Rhyton-Typ (einhenkelige Gefäße mit einer zweiten Öffnung zum Spenden von Trankopfern) sowie religiöse minoische Symbole (Doppelaxt, Efeu, Lilie) gelangten sogar in den Formen- und Verzierungsschatz der mykenischen Keramik von SH IIA. Ein beliebtes Thema auf mykenischen Siegelbildern waren ferner Prozessionen von Menschen oder Kultdämonen (Mischwesen aus Löwe, Krokodil und anderen Tieren, mit geschupptem Rückenpanzer, aufrechtem Gang und menschlichen Tätigkeiten), die sich auf ein Heiligtum, einen Altar oder auf eine thronende Gestalt (Gottheit? Priester/-in?) hinbewegen und Trank- oder Blumenopfer darbringen. Ein berühmtes Beispiel ist der große Goldring von Tiryns mit der Darstellung einer Prozession von Kultdämonen, die einer thronenden Göttin Trankspenden darbringen (siehe Abb. 7b). Die Halbrosettenmotive im unteren Abschnitt des

Siegelbildes symbolisieren religiöse Macht, Sonne und Mond im oberen Segment deuten den Kosmos an. Der Ring wurde zwar in einem viel späteren Fundzusammenhang gefunden, wird aber einer Werkstatt des 15. Jh. zugeschrieben. Prozessionen blieben ein bevorzugtes Thema der mykenischen Kunst und spielten später eine große Rolle in den Wandmalereien der Paläste. Bemerkenswerterweise gibt es aber andererseits minoische Kultelemente, die auf dem Festland nicht übernommen wurden, so minoische Kulträume und ekstatische Rituale.

Nach welchen diplomatischen Spielregeln die Beziehungen zwischen den mykenischen Herrschaftszentren und den minoischen Palästen in der ersten Hälfte des 15. Jh. verliefen, ist unbekannt. Man darf aber annehmen, dass die mykenischen Führungseliten mit ihren Netzwerken in Süditalien und im Balkanraum und aufgrund ihrer militärischen Stärke den minoischen Herrschaftsträgern als gleichwertige Partner gegenübertraten. Darüber hinaus deuten Waagschalen in mykenischen Gräbern, der minoische Bleigewichtssatz im Vaphio-Grab und erste Funde mykenischer Keramik in Anatolien (Troja, Milet), in der Levante und in Ägypten darauf hin, dass sich die mykenischen Griechen allmählich an den minoischen Handelsverbindungen mit dem Nahen Osten beteiligten. Dabei kam es anscheinend sogar zu persönlichen Beziehungen mit vorderasiatischen Partnern, denn das Schachtgrab *Rho* im ehemaligen Gräberkreis B in Mykene wurde in SH IIA zu einem hausartigen Grab syrischen Typs umgebaut.

Am Ende von SM IB wurden auf Kreta alle Paläste und viele Zentren zweiten und dritten Ranges wie auch die minoischen Außenposten auf Melos, Keos, Rhodos und in Milet mit großer Gewalt zerstört. Diese Katastrophen bedeuteten den Untergang der langen und glanzvollen minoischen Palastära. Dass Eroberungszüge mykenischer Kriegsführer und ihrer Gefolgsleute daran nicht unbeteiligt waren, legt die weitere Geschichte Kretas nahe. War ein ursprünglich freundliches Verhältnis im Laufe von SH IIA in Rivalität und Feindschaft umgeschlagen?

3. Mykenische Machtübernahme in Knossos (SM II, ca. 1450–1400/1390)

In Knossos, dem einzigen Palast, der wieder aufgebaut wurde, fanden sich archäologische und schriftliche Zeugnisse für die Errichtung einer mykenischen Herrschaft in SM II (zeitgleich mit SH IIB). Im Umkreis des Palastes entstanden reich ausgestattete mykenische Kriegergräber, die keinen minoischen Hintergrund hatten. Weitere mykenische Kriegergräber in West- und in Südkreta belegen die Ausweitung des Herrschaftsbereiches von Knossos, der sich um 1400 bereits über Zentral- und Westkreta und über Teile von Ostkreta erstreckte. Dieses Territorium, das die Kleinstaaten auf dem mykenischen Festland um ein Vielfaches übertraf, konnte nicht mit den einfachen Strukturen der frühmykenischen Oikoswirtschaft kontrolliert werden. Es war daher logisch, dass die mykenischen Herrschaftsträger die rationale, bürokratische Administration ihrer minoischen Vorgänger übernahmen, woraus sich der Bedarf an einer Schrift für die Wiedergabe der griechischen Sprache ergab. Die Entwicklung der Linear-B-Schrift als Ableitung aus dem minoischen Linear A (s. Kap. I) musste angesichts der fundamentalen Unterschiede zwischen den beiden Sprachen eine Herausforderung gewesen sein, die vermutlich von minoischen Schriftkundigen und mykenischen Griechen gemeinsam gemeistert wurde. Aus dieser Zeit stammen die frühesten Linear-B-Täfelchen von Knossos, die im Brandschutt einer weiteren Zerstörung des Palastes gefunden wurden (s. u.). Diese Dokumente enthalten Listen von Personen, Tieren und Grundbesitz und vor allem ein Verzeichnis von über 150 einsatzbereiten Streitwagen samt Pferdegespann und Rüstungen für die Besatzung mit jeweils zwei Männern, deren Eigennamen mehrheitlich griechisch waren. Ortsnamen passen stimmig zur Verbreitung der mykenischen Kriegergräber.

Eine weitere Folge der mykenischen Machtübernahme in Knossos war die Herausbildung einer neuen Form mykenischer Herrschaft. Beim Wiederaufbau des Palastes wurde das Areal des Thronsaales samt seinen Nebenräumen zu jener Anlage umgebaut, die heute in den Ruinen von Knossos zu sehen ist. Der Thronsaal besaß Elemente eines minoischen Kultraums, und seine Wandmalereien zeigten Papyruspflanzen, Greifen und Halbrosettenmotive, d. h. Symbole des im Religiösen wurzelnden minoischen Palastkönigtums. Neu war der Alabasterthron mit den Symbolen für Sonne und Mond auf seiner Vorderseite. Die Wandmalereien waren auf ihn so abgestimmt, dass die Person, die auf ihm Platz nahm, von Greifen flankiert und von Zeichen religiöser Macht umgeben war. Dies war der Moment, in dem sich frühmykenische Herrschaft in eine *Monarchie nach minoischem Vorbild* verwandelte, die ihren Machtanspruch mit einem göttlichen Auftrag oder einem persönlichen Nahverhältnis zur Welt der Götter begründete, ein sog. sakrales Königtum. Stimmig dazu erschien bereits auf den frühesten Linear-B-Täfelchen von Knossos das Wort *wanax*/«König». Da es nicht indogermanischer Herkunft ist, wird es als minoischer Königstitel interpretiert, der demnach im 15. Jh. von den mykenischen Herrschern in Knossos übernommen wurde. Unter diesem Aspekt ist verständlich, dass Knossos trotz der mykenischen Herrschaft in seiner Architektur und künstlerischen Ausgestaltung ein minoischer Palast blieb, in dem zum Beispiel die Wände weiterhin mit Stierspringern, Kultszenen und Prozessionen bemalt wurden. Es wäre unrichtig, von einem «mykenischen Palast» in Knossos zu sprechen. Mykenische Elemente treten nur selten auf, so etwa die achtförmigen Schilde als Hauptmotiv der Wandmalereien im «Saal der Schilde». Sie erinnern daran, dass die mykenische Herrschaft auf Kreta eine zweite, durchaus militärische Seite hatte, die sich in den Kriegergräbern, in den Streitwagenlisten und in einem Täfelchen mit dem Hinweis auf den griechischen Titel *lawagetas* (wörtlich «Anführer des Kriegsvolks») spiegelte.

Die östlichen Beziehungen Kretas wurden unter der mykenischen Herrschaft fortgesetzt. In Ägypten nahm man allerdings den politischen Wechsel wahr, denn hohe Beamte unter Thutmosis III. ließen auf den Wandmalereien ihrer Gräber die minoischen Schurze der Gesandten von Kreta *(Kaftu)* mit mykenischen übermalen. Diese Übermalungen lassen sich auf ca.

1450/1430 v. Chr. datieren und sind ein Anhaltspunkt für die Chronologie von SM II bzw. SH IIB.

Zwischen 1400 und 1380 wurde Knossos teilweise brandzerstört. Im Schutt wurden die frühesten Linear-B-Täfelchen begraben. Die Schäden wurden behoben, und es folgte die letzte Phase des Palastes von Knossos, auf die sich der Großteil der Linear-B-Texte von Kreta bezieht (s. Kap. VI).

4. Das mykenische Festland zwischen 1450 und 1400/1380 (SH IIB/IIIA1)

Nicht alle Eroberer blieben auf Kreta. Etliche kehrten mit ihren Gefolgsleuten auf das mykenische Festland zurück und brachten reiche Beute mit, von der die prachtvollen Waffen und erlesenen Wertgegenstände aus intakt gebliebenen Gräbern wie jene der Fürstenfamilie im Kuppelgrab von *Dendra* (um 1400) oder des «Greifen-Kriegers» in *Pylos* eine Vorstellung vermitteln. Manche dieser Männer konnten ihren Reichtum und ihre militärischen Erfolge politisch umsetzen, was zu einer sprunghaften Zunahme der Zahl an Kuppelgräbern und anderen Elitegräbern in der Peloponnes und in Mittelgriechenland bis nach Südthessalien *(Volos)* in SH IIB führte. Neue Residenzen, die glücklicherweise später nicht von Palästen überbaut wurden, entstanden in dieser Zeit ebenfalls. Ihre komplexe Architektur lässt Bestrebungen zur Umwandlung des wirtschaftlichen und kulturellen Kapitals eines frühmykenischen Staates gleichsam in den Oikos einer einzelnen, zentralen politischen Autorität erkennen. Man geht wohl nicht fehl in der Annahme, dass die Anregungen hierzu auf Kreta gewonnen wurden, auch wenn die architektonischen Umsetzungen unterschiedlich waren. So wird in Lakonien derzeit in *Ajios Vasilios* bei Xirokambi ein Baukomplex aus SH IIB freigelegt, der im 14. Jh. zu einer minoisch inspirierten Palastanlage ausgebaut wurde. Ein herrschaftlicher Bau, der in SH IIB beim *Menelaion*, dem antiken Heiligtum des Menelaos und der Helena bei Sparta, entstand, nahm dagegen Elemente der mykenischen Palastarchitektur vorweg: Eine Vorform des Megarons der mykenischen Paläste (s. S. 91) bildete den Mittelteil und wurde

8 – Bronzepanzer von Dendra mit Eberzahnhelm.

durch lange Korridore von den beiden Seitenflügeln mit Werkstätten und Lagerräumen getrennt. In Messenien entstand bei *Iklaina* unweit von Ano Englianos/Pylos ein großer Gebäudekomplex, vielleicht der Mittelpunkt eines neuen Kleinstaates und eine Konkurrenz für Pylos. In der Argolis entstand in *Tiryns* erstmals in der Übergangszeit SH IIB – IIIA1 ein Repräsentationsbau, der sich über zwei Terrassen erstreckte, eine Treppenanlage besaß und mit Wandmalereien geschmückt war.

Es konnte nicht ausbleiben, dass die politischen und wirtschaftlichen Veränderungen in SH IIB das frühmykenische Machtgefüge aus dem Gleichgewicht brachten und Konflikte um Vorherrschaft und territoriale Ansprüche auslösten. Hinweise sind etwa die Zerstörung von Kakovatos, die Auflassung des Kuppelgrabes von Kazarma und die Aufgabe von Lerna zugunsten von Nauplion als Hafen für Tiryns. In dieselbe Richtung weisen Kriegergräber, die im späten SH IIB oder in SH IIIA1 in nahezu allen mykenischen Regionen entstanden und mit den besten Waffen der Zeit ausgestattet waren. Berühmt ist das «Panzergrab» von Dendra, ein Kammergrab, das neben Schwertern und anderen Waffen einen kompletten Plattenharnisch enthielt, der große Ähnlichkeit mit dem Panzer-Bildzeichen auf den Streitwagenverzeichnissen der frühesten Linear-B-Täfelchen von Knossos hat. Die Bronzeplatten, die mit Leder- oder Stoffbändern zusammengehalten wurden, bedeckten den Krieger bis zu den Knien. Ergänzt wurde die Rüstung durch einen Eberzahnhelm.

Wegen dieser Veränderungen wird SH IIB in der Forschung häufig als Übergang zur mykenischen Palastära, wenn nicht überhaupt als deren Beginn eingeschätzt, obwohl mykenische Paläste auf dem Festland erst ab dem frühen 14. Jh. (SH IIIA1) bezeugt sind.

VI. Beginn und erste Phase der mykenischen Palastzeit (SH IIIA1, ca. 1400/1390–1360)

Durch die Einführung der *Linear-B-Schrift* in den mykenischen Palästen ist die mykenische Palastzeit zu einem Forschungsfeld auch für Historiker und Wissenschaftler des Altgriechischen geworden. Allerdings ist der Aussagewert dieser Dokumente insofern eingeschränkt, als es sich nicht um historische oder literarische Texte handelt, sondern um die äußerst wortkarg abgefassten Aufzeichnungen der Palastverwaltungen. Im Hinblick auf die Erforschung der Geschichte und Kultur der mykenischen Palastzeit bedeutet dies, dass die Analyse und Interpretation der archäologischen Befunde mit historischen Fragestellungen und Erklärungsmodellen kombiniert werden muss, um die Linear-B-Texte in ihrem politischen, wirtschaftlichen und kulturellen Bezugsrahmen zu verstehen. Informationen über die nahöstlichen Beziehungen der mykenischen Paläste werden durch Objekte der Sachkultur sowie durch Schriftquellen und Bilddarstellungen aus dem ägyptischen, hethitischen oder vorderasiatischen Raum vermittelt. Auf diese Weise lässt sich die Geschichte der mykenischen Palastzeit wenigstens in Umrissen nachzeichnen, auch wenn neue Entdeckungen und/oder neue Forschungsansätze das Bild jederzeit ergänzen oder korrigieren können.

Zur *Chronologie* der Palastzeit tragen die Linear-B-Texte wenig bei, da sie sich nur auf jenes Jahr beziehen, in dem die jeweiligen Tafeln in einem Katastrophenbrand zufällig gehärtet wurden. Die frühesten Knossos-Tafeln gehen auf die teilweise Zerstörung des mykenischen Palastes im frühen 14. Jh. (s. S. 63) zurück, der Großteil des Materials stammt aus dem Brandschutt der gewaltigen Katastrophe von 1350, und eine dritte Gruppe gehörte der mykenischen Nachbesiedlung des Areals im 13. Jh. an. Die bisher gefundenen ca. 40 Tafeln von Ajios Vasilios wurden bei der Zerstörung des Palastes um 1300 gehärtet. Der Großteil der Linear-B-Texte lässt sich jedoch um 1200 datieren, als alle Paläste in Schutt und Asche fielen. Unter diesen Voraussetzungen muss der zeitliche Ablauf der Palastperiode weiterhin nach der keramischen Chronologie und der archäologisch-historischen Datierungsmethode (s. Kap. II) gemessen und eingeteilt werden.

1. Der mykenische Staat von Knossos bis zur großen Zerstörung (ca. 1390–1350, SM IIIA1/2)

Nach der mykenischen Eroberung von Kreta um 1450 v. Chr. blieb Knossos für etwa zwei Generationen der einzige Palast in der Ägäis. Eine teilweise Zerstörung im frühen 14. Jh. hatte, wie früher erwähnt, keine schwerwiegenden Folgen, und in der darauf folgenden Zeit bis ca. 1350 festigte sich die mykenische Herrschaft über Zentral- und Westkreta sowie über Teile von Ostkreta. Auf diese Zeit (SM IIIA1/frühes IIIA2) bezieht sich der Großteil der in Knossos gefundenen Linear-B-Texte. Knossos blieb weiterhin die Führungsmacht in der Ägäis und dominierte die ägäischen Beziehungen zu den Staaten des östlichen Mittelmeerraumes. Mit dem mykenischen Festland bestanden enge wirtschaftliche und kulturelle Kontakte, durch die namentlich die südlichen Regionen der Peloponnes auch das Herrschaftssystem von Knossos näher kennenlernten.

An der Spitze des mykenischen Staates von Knossos stand der König *(wanax)*, dessen Bindung an die göttliche Sphäre vor allem durch den Thronsaal vor Augen geführt wurde (s. Kap. V.3). Der nächsthohe Rang kam dem *lawagetas* («Anführer des Kriegsvolks») zu, dessen Titel – ebenso wie im Fall von *wanax* – nie im Plural aufscheint. Dem Textzusammenhang nach könnte es sich tatsächlich um den obersten Befehlshaber über das Heer gehandelt haben. Nicht weit unter ihm standen die als *basileus* bezeichneten Männer, die in wichtigen Bezirken des Reiches Mannschaften führten, Grund und Boden besaßen und Verbindungen zum religiösen Bereich hatten. Angesichts der vermutlich festländischen Herkunft ihres Titels (s. Kap. V.1, Gesellschaftliche Ordnung) könnten sie Nachfahren von mykenischen Aristokraten gewesen sein, die sich seinerzeit an der Eroberung von Kreta beteiligt und anschließend eine Führungsrolle in der herrschaftlichen Rangordnung des Reiches von Knossos übernommen hatten. Eine als «Gefolgsleute» *(hequetai)* bezeichnete Elitegruppe im Umkreis der Regierungsspitze führte in Knossos und in strategisch wichtigen Provinzen die Streitwagentruppen an und kontrollierte Produktions- und Verwaltungsvorgänge in den Palastbetrieben (Herden und Werkstätten) in den Provinzen. Für diese Männer stellten die Textilwerkstätten des Palastes sogar speziell gemusterte Stoffe her. Zu den oberen Rängen der Herrschaftsstruktur gehörten schließlich die Leiter der wirtschaftlichen Einrichtungen des Palastes und die hochrangigen Verwaltungsbeamten. Die weitgehend gleichmäßige Verteilung von griechischen und nicht-griechischen Eigennamen in den Linear-B-Texten von den höchsten bis zu den untersten Rängen in Wirtschaft, Militär und Kult bezeugt einerseits die weitgehende Integration von mykenischen und einheimischen Bevölkerungsgruppen und andererseits die Aufnahme einheimischer Personen oder Familien in die mykenische Elite des Reiches von Knossos.

2. Die ersten mykenischen Paläste

Versuche, das System von Knossos schon in der ausgehenden frühmykenischen Zeit auf das Festland zu übertragen, waren, wie bereits erwähnt, auf Hindernisse gestoßen. Zum einen waren die Territorien der frühmykenischen Kleinstaaten nicht dazu geeignet, den personellen und materiellen Aufwand eines Palastes für Machterhalt, Repräsentation und Gütertausch abzudecken, und Bestrebungen nach Gebietserweiterungen auf Kosten benachbarter autonomer Herrschaftsbereiche führten zu militärischen Konflikten (s. Kap. V.4). Zum anderen ist nicht anzunehmen, dass die alten Eliten ihre Entmachtung durch Könige, die sich auf einen göttlichen Ursprung ihrer Herrschaft beriefen, widerstandslos hinnahmen. Jedenfalls entstanden erst im frühen 14. Jh. (SH IIIA1), etwa zwei Generationen nach der Eroberung Kretas, die ersten Palastanlagen des mykenischen Festlandes in Messenien, Lakonien und in der Argolis an Orten, wo sich schon in der frühmykenischen Ära bedeutende Zentren befunden hatten. Bedingt durch Zerstörungen und Umbauten im Laufe des 14. Jh. und vor allem durch die enormen Ausbauten der Paläste im 13. Jh., sind von den Anlagen der frühen Palastzeit meist nur wenige Überreste erhalten, die im Zuge der großen Palastgrabungen vor allem des 20. Jh. oder durch kleinere Nachgrabungen in jüngerer Zeit entdeckt wurden. Sie lassen vermuten, dass die architektonische Umsetzung der neuen Herrschaftsform anfangs nicht überall in der gleichen Weise erfolgte.

In Messenien und Lakonien waren anscheinend minoische Einflüsse weiterhin wirksam. Im Palast aus SH IIIA1 in *Pylos* bildete wie in den minoischen Palästen ein zentraler Hof den architektonischen Mittelpunkt, um den sich die einzelnen Gebäudetrakte gruppierten. Zudem wurde minoische Mauerbautechnik eingesetzt. Aus der frühmykenischen Anlage von *Ajios Vasilios* (s. Kap. V.4) entwickelten sich in SH IIIA1 ebenfalls minoisch inspirierte Strukturen, denen in SH IIIA2 ein Palast mit Zentralhof folgte. Am *Menelaion* dagegen hatte schon die frühmykenische Residenz (s. Kap. V.4) ein zentrales Gebäude besessen, das als Vorläufer des königlichen Megarons der Palastzeit gilt, und ein ebensolcher Bau darf für die nachfolgende Großanlage aus SH IIIA1 angenommen werden.

Das königliche Megaron mit seinen Nebenräumen war in der Argolis spätestens ab SH IIIA2 das dominierende Element der Palastarchitektur (siehe Abb. 16.5–7). Unsicher ist allerdings, ob die Paläste von Mykene und Tiryns, wo die massiven Umbauten des 14. und 13. Jh. nur wenig von den früheren Strukturen übrig ließen, bereits in SH IIIA1 ein solches Megaron besaßen. Die Rekonstruktion eines Megarons aus SH IIIA1 auf der obersten Terrasse des Burgberges von *Mykene* beruht auf einigen Mauerresten, Feinkeramik und minoisch beeinflussten Wandmalereien. In *Tiryns* wurde das älteste Große Megaron des Palastes in SH IIIA1 datiert, kann jedoch aufgrund neuerer Forschungen auch erst in SH IIIA2 erbaut worden sein.

Den archäologischen Befunden zufolge herrschten die Paläste in Messenien und in der Argolis bereits in SH IIIA1 über ausgedehnte Territorien. Die Aufgabe der bedeutendsten Kuppelgräber von Messenien deutet darauf hin, dass Pylos am Ende von SH IIIA1 den westlichen Teil Messeniens beherrschte. Den Herren über die ehemals autonomen Kleinstaaten blieb wohl wenig anderes übrig, als regionale Funktionen innerhalb des Palaststaates zu übernehmen oder direkt in den Dienst des Palastes bzw. des Königs von Pylos zu treten.

In der Argolis wurden in SH IIIA1 so gut wie alle Kuppelgräber außerhalb von Mykene aufgegeben, der Grabtypus blieb von da an auf Mykene beschränkt (im 13. Jh. auch auf Tiryns). Mykene konnte ab dem 14. Jh. anscheinend seine Vorrangstellung in der Argolis während der frühmykenischen Zeit zur Herrschaft über zumindest den Großteil der Region ausweiten. Frühere, lokale Herrschaftsbereiche aus dem 15. Jh. (Kazarma, Dendra, Berbati, Prosymna) wurden zu nachgeordneten Siedlungszentren, deren führende Familien zwar mit reichen Beigaben, aber in Kammergräbern beigesetzt wurden. Die Töpferwerkstätten in Berbati erzeugten fortan die vom Palast von Mykene benötigte Keramik für den Export.

In Mykene wurden während der ganzen Palastzeit nur noch drei Kuppelgräber gebaut. Deren ältestes und kleinstes, das

«Grab der Genien» («Tholos of the Genii», benannt nach den Darstellungen von Kultdämonen auf einigen der Beraubung entgangenen Glasplaketten), könnte zum Palast der Phase SH IIIA1 gehört haben. In seiner Bauweise aus Steinquadern und mit seinem Türsturz aus riesigen Konglomeratblöcken war es ein Vorläufer der beiden späteren, wahrhaft monumentalen Kuppelgräber Mykenes («Grab des Atreus» aus SH IIIA2, «Grab der Klytämnestra» aus SH IIIB). Der Arbeitsaufwand für die Steinbrucharbeiten und den Aufbau des ganzen Grabes aus Quaderblöcken überstieg die Leistungskraft eines einzelnen aristokratischen Oikos. Es handelte sich vielmehr um das Grabmonument einer königlichen Dynastie in Mykene, für dessen Errichtung die Arbeitskraft der Bewohner ihres Herrschaftsbereiches herangezogen wurde – ein Zeichen dafür, dass die Eliten der frühmykenischen Ära ihre politische Macht an das Palastkönigtum verloren hatten.

In Böotien war *Theben* schon in SH IIA (s. Kap. V.1, Ausgewählte Fundstätten) ein bedeutendes Zentrum, wie Funde aus den umliegenden Kammergräbern zeigen. Der mykenische Palast jedoch wird zur Gänze von der modernen Bezirkshauptstadt Thiva überlagert, sodass systematische Ausgrabungen nicht möglich sind. Soweit an verschiedenen Punkten der Stadt Grundstücke untersucht werden konnten, wurden bisher keine Überreste aus SH IIIA1 gemeldet. In einer ägyptischen Inschrift aus dieser Zeit (s. u.) wird jedoch neben Pylos, Mykene und Tiryns auch Theben genannt, und das spräche doch für die Existenz eines Palastes im frühen 14. Jh.

3. Ausweitung des mykenischen Einflusses in der ersten Hälfte des 14. Jahrhunderts

Die Peloponnes und große Teile Mittelgriechenlands waren schon seit dem 15. Jh. Teil der mykenischen Welt. Ab SH IIIA1 entstanden auch in den Gebirgsregionen entlang der Flusstäler die ersten Kammergrabfriedhöfe, und ganz Mittelgriechenland östlich des Pindos-Gebirges und das südliche Thessalien wurden dem mykenischen Kulturraum eingegliedert. Ein weiteres

Ziel der Palaststaaten war offenbar die Beseitigung möglicher Konkurrenten außerhalb ihres eigenen Herrschaftsbereiches. Andernfalls wäre es schwer verständlich, warum sich weder in der Korinthia noch in Elis Paläste herausbildeten, obwohl die geopolitischen Voraussetzungen vorhanden gewesen wären. In Achaea wurde in SH IIIA1 das große Herrenhaus von Aegion (s. Kap. V.1, Ausgewählte Fundstätten) zerstört, wohl eine Folge der Machtinteressen Mykenes im Bereich des Golfs von Korinth.

In der *Ägäis* bauten die mykenischen Palaststaaten entlang der Meeresrouten ihre Stützpunkte auf. Die Stadt von Ägina-Kolonna geriet verstärkt unter den Einfluss Mykenes, konnte sich aber im frühen 14. Jh. noch ihre wirtschaftliche Eigenständigkeit bewahren. Dagegen wurden die Kykladen und die Inseln der Dodekanes, wo die minoische Seeherrschaft ihre kulturellen Spuren hinterlassen hatte, enger an die mykenische Machtsphäre gebunden. In der Stadt *Phylakopi* auf Melos wurde an der Stelle der ehemaligen minoischen Residenz ein mykenischer Herrensitz erbaut. Auf anderen Kykladeninseln entstanden Kuppelgräber, auf den großen Inseln der Dodekanes ausgedehnte mykenische Kammergrabfriedhöfe. Diese Zeugnisse für die Übertragung mykenischer Grabarchitektur und Grabsitten hingen möglicherweise auch mit Einwanderungen vom Festland her zusammen. Das mykenische Interesse an Rhodos lag selbstverständlich in der Rolle der Insel als Zwischenstation und Umschlagplatz im Netzwerk der Handelsrouten zwischen der Ägäis, Anatolien, Zypern und dem Nahen Osten. Obwohl Knossos weiterhin den Handelsverkehr mit dem Nahen Osten und Ägypten kontrollierte, konnte es festländisch-mykenischen Einfluss auf die ägäischen Inseln nicht mehr verhindern.

Mykenische Beziehungen zu *Westanatolien* sind seit frühmykenischer Zeit bezeugt und verstärkten sich im 14. Jh. In *Troja* wurden neben mykenischer Keramik auch lokale Nachahmungen mykenischer Gefäße gefunden. Offenbar hatte die mächtige Stadt an den Dardanellen, Kontroll- und Umschlagplatz des Handels zwischen der Ägäis und der Schwarzmeer-Region, große Bedeutung für die Beziehungen der mykenischen

Machtzentren mit dem östlichen Donauraum und dem Ostbalkan. Die Verbindungsrouten nach Troja gingen dabei nicht direkt vom griechischen Festland aus, sondern verliefen über Rhodos und über Zwischenhäfen entlang der kleinasiatischen Westküste, archäologisch belegt durch das verstärkte Auftreten mykenischer Fundkeramik. In Südwest-Kleinasien wurde in der Region Karien sogar mykenische Expansion betrieben. *Milet*, das bis zu seiner Zerstörung um 1450 minoisch gewesen war, wurde um 1400 als mykenische Stadt wiederaufgebaut, und weitere mykenische Siedlungen entstanden im Umkreis von Milet und beim heutigen Bodrum. Aus dieser Zeit stammt ein hethitischer Text mit der Anklageschrift des Königs Arnuwanda I. (ca. 1400–1375) gegen seinen verräterischen Vasallen Madduwatta, in der auch von den Umtrieben eines «Mannes aus *Aḫḫija*» namens *Attar(i)šija* in Westkleinasien die Rede ist. Hier ist vorauszuschicken, dass *Aḫḫija* die ältere Form des Ländernamens *Aḫḫijawa* ist, der die Forschung seit den 1920er Jahren beschäftigt, nicht zuletzt wegen seines Anklanges an die Volksbezeichnung «Achäer» bei Homer. Bezüglich der Lokalisierung von *Aḫḫijawa*, das in etwas mehr als 20 hethitischen Texten in unterschiedlichstem Zusammenhang erwähnt wird, ist nur gesichert, dass zwischen Westkleinasien und diesem Land das Meer lag. Jüngste Analysen der einschlägigen Texte sprechen allerdings der Deutung von *Aḫḫijawa* als «Land der Achäer» und seiner Identifizierung mit dem mykenischen Griechenland zumindest eine große Wahrscheinlichkeit zu. *Attar(i)šijas* Namen mit Atreus in Beziehung zu setzen, der nach der griechischen Tradition der Begründer der Atriden-Dynastie von Mykene war, mag verlocken, ist aber durch nichts gesichert. Auf dieser Grundlage kann *Attar(i)šija* als ein mykenischer Kriegsführer angesehen werden, der in Westkleinasien in der Zeit um 1400 auftrat. Er vertrieb Madduwatta aus dessen Lehensgebiet und zog sogar mit 100 Streitwagen gegen das Heer des Hethiterkönigs. Nach einer zweiten kriegerischen Auseinandersetzung zog sich *Attar(i)šija*, wie es im Text heißt, «in sein Land» zurück. Etwas später tauchte er neuerlich in Westkleinasien auf und führte nunmehr gemeinsam mit dem inzwischen abtrünnig gewordenen Madduwatta und einem weiteren lokalen Machthaber einen Überfall auf Zypern durch. Damals setzte sich *Attar(i)šija* in Westkleinasien fest. Dass der Hethiterkönig nichts mehr gegen ihn unternahm, hing wohl mit einer schweren Krise des Hethitischen Reiches zusammen, die ihn in Zentralanatolien festhielt und die von mykenischen Kriegsführern offenbar zu Übergriffen und zur Landnahme im Südwesten Kleinasiens genutzt wurde.

Die ägäischen Handelsaktivitäten mit den Ländern im *Nahen Osten* wurden nach wie vor von Knossos aufgrund seiner politischen und wirtschaftlichen Stärke dominiert. Sie standen seit dem Beginn der Neupalastzeit unter dem Aspekt guter diplomatischer Beziehungen zu *Ägypten*, das seit dem Beginn der 18. Dynastie im 16. Jh. die Führungsmacht in Vorderasien und, dank der Verstärkung seiner Handels- und Kriegsflotte, auch im östlichen Mittelmeer war. Von der Regierungszeit Thutmosis' III. an (s. Kap. V) waren es die mykenischen Herrscher von Knossos, die die Politik guter Beziehungen zu Ägypten weiter verfolgten und dabei während der Regierung Amenophis' III. (1390–1353) besonders erfolgreich waren. Ägyptische Objekte auf Kreta und auf dem Festland aus der Zeit dieses Pharaos bilden die Grundlage für die absolute Chronologie von SM/SH IIIA1 (s. Kap. II). Als Importe aus dem Nahen Osten sind in den Linear-B-Texten von Knossos Gold, Elfenbein und Sesam erwähnt. Als wichtigste kretische Exportgüter in den Nahen Osten nennen die Linear-B-Texte hochwertige Textilien, während der Export von Olivenöl und aromatischen Ölen archäologisch belegt ist.

Beziehungen zwischen Ägypten und dem mykenischen Festland sind für diese Zeit archäologisch nicht gesichert, weil keine Keramik aus SH IIIA1 in Ägypten gefunden wurde und weil ägyptische Objekte in den mykenischen Palästen theoretisch über Knossos eingeführt worden sein konnten. Allerdings gibt es ein schriftliches Zeugnis dafür, dass man in Ägypten über die politischen Veränderungen auf dem Festland sehr wohl Bescheid wusste. Die Inschrift auf einem der Statuensockel im großen Hof des Totentempels Amenophis' III. am Westufer des Nil bei

Luxor, zu dem die beiden berühmten «Memnon-Kolosse» gehört hatten, enthielt eine Liste mit 14 ägäischen Ortsnamen, die auf die Regionen *Kaftu* (Kreta) und *Tanaja* aufgeteilt sind. Die kretischen Ortsnamen entsprechen denen der zeitgleichen Linear-B-Texte von Knossos; die Reihenfolge führt von Kreta mit Amnisos, Phaistos, Kydonia (Chania) und anderen Stationen auf das Festland – nach Mykene, Theben, Mezana (Messenien, wohl für Pylos) und Nauplia (für Tiryns) – und über Kythera zurück nach Kreta. Die Namen beweisen, dass man am Hof Amenophis' III., der 1353 starb, über die wichtigsten Stationen auf Kreta *(Kaftu),* die Verbindung zwischen Kreta und dem Festland über Kythera und über die neuen Palastzentren des Festlands informiert war. Deshalb ist es wahrscheinlich, dass sich die Gebietsbezeichnung *Tanaja* auf das mykenische Festland bzw. auf die Peloponnes plus Mittelgriechenland bezog. Sie klingt an das Wort *Danaoi*/«Danaer» an, das in den Homerischen Epen, abwechselnd mit *Achaioi*/«Achäer», die Bewohner Griechenlands bezeichnet, doch ist die Gleichsetzung nicht gesichert. Unbekannt ist ferner, ob sich das ägyptische *Tanaja* auf dieselbe(n) Region(en) bezog wie das hethitische *Aḫḫijawa*.

Anders als in Ägypten sind auf *Zypern* mykenische Aktivitäten für das 14. Jh. archäologisch gut bezeugt. Die Städte Zyperns waren für die ägäischen Zentren wichtige Handelspartner, da die Kupferminen dieser Insel den Rohstoff für die Herstellung von Bronze lieferten, die als Material vor allem für die Waffenerzeugung für jeden Machthaber von größter Bedeutung sein musste. Im 14. Jh. schalteten sich die mykenischen Paläste aktiv in den Handel mit Zypern ein, der bis dahin hauptsächlich in minoischer Hand gewesen war. Dieser Wandel spiegelt sich im Auftreten mykenischer Keramik der Phase SH IIIA1 und in ihrem rapide steigenden Prozentsatz gegenüber den minoischen Importen ab der Mitte des 14. Jh.

Kurz nach der Entstehung der Keramikstile SH IIIA2 und SM IIIA2 (Mitte des 14. Jh.) fiel Knossos einer gewaltigen Brandschatzung anheim, in deren Schutt der Großteil der knossischen Linear-B-Tafeln begraben wurde. Von dieser Katastrophe erholte sich das einst glanzvollste Machtzentrum der Ägäis nicht mehr. Für das mykenische Griechenland hingegen begann jene Blütezeit, in der die mykenischen Paläste zwischen ca. 1350 und 1250 (SH IIIA2 – IIIB1) den kulturellen, politischen und wirtschaftlichen Vorrang im östlichen und zentralen Mittelmeerraum behaupteten.

VII. Entwickelte und zweite Phase der mykenischen Palastzeit (ca. 1360–1200)

In dieser Zeit erreichte die mykenische Kultur ihren Höhepunkt. Damals wurden um einen viereckigen Hof gruppierte und auf ein großes, prachtvolles Megaron (S. 68 f.) ausgerichtete und mit einem weiteren wichtigen Bau versehene Palastbezirke, dazu nicht wenige zusätzliche Räumlichkeiten und z. T. auch diese Anlagen umgürtende, gewaltige Befestigungsmauern errichtet. Aus dieser Epoche stammen auch die meisten Linear-B-Texte, die u. a. Aufschluss über die politisch-gesellschaftliche Gliederung und die Wirtschaft der mykenischen Staaten geben, wobei sie sich aber stets auf das letzte Jahr vor einer Zerstörung, meist der um 1200, beziehen.

1. Argolis

Im Folgenden wird ausführlich auf die Burgen von Mykene und Tiryns eingegangen. Mykene als der namengebende Ort der mykenischen Kultur war das Zentrum eines bedeutenden mykenischen Territorialstaats, seine Burg sehr groß und stark bebaut, während sich die Burg von Tiryns in ihrer Anlage in vieler Hinsicht von der von Mykene unterscheidet. Gerade auch im Vergleich lassen sich beiden Burgen wichtige Züge von Gesellschaft und Kultur der Palastzeit ablesen.

Die Burg von *Mykene* liegt auf einem an drei Seiten steil abfallenden Hügel, dessen Gipfelterrasse eine Höhe von ca. 280 Metern über dem Meeresspiegel hat; nur von Nordwesten

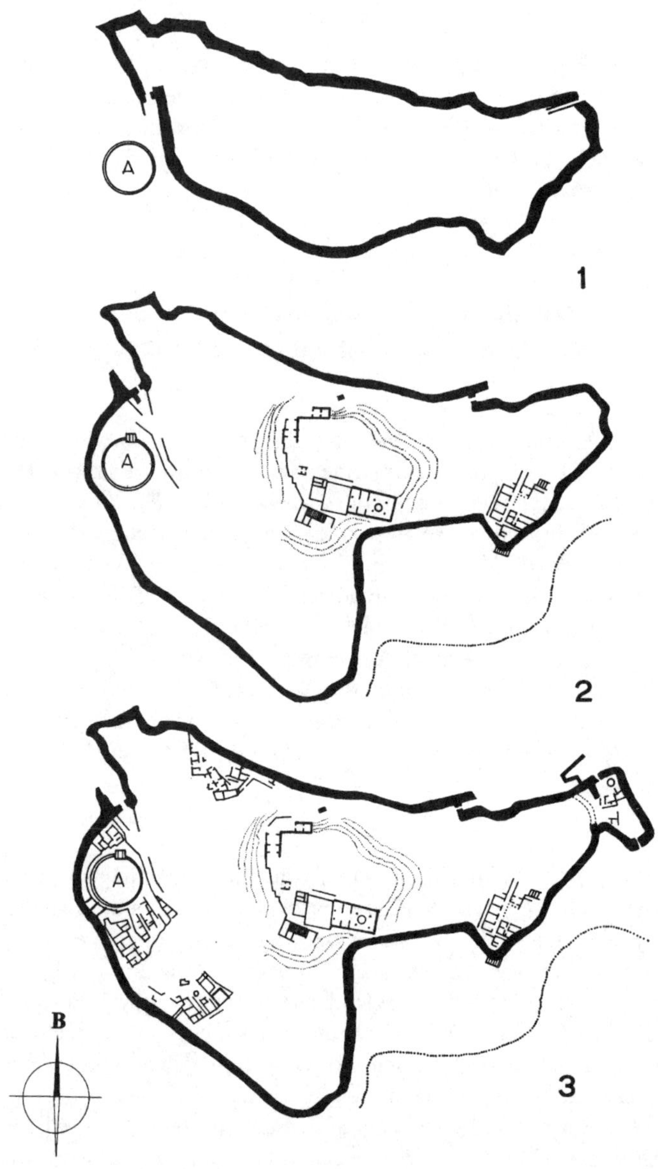

9 – Pläne der Bauphasen der Burg von Mykene.

aus ist sie leichter zugänglich. Die Befestigungsmauer weist drei Bauphasen auf: Während SH IIIA2 errichtete man Mauern im Nordwesten, Norden, Osten und Süden, wobei das Gräberrund A noch außerhalb dieser Mauer blieb und es ein Tor im Nordwesten und vermutlich ein weiteres im Nordosten gab (Abb. 9,1). Während SH IIIB1 wurde das Nordwesttor durch das viel größere Löwentor, das Haupttor der Burg, ersetzt. Auch hat man ein neues Nordtor errichtet, das kleiner als das Löwentor war. Außerdem wurden damals eine auf einem Steinsockel ruhende sog. große Rampe, die hinter dem Löwentor begann, und im Süden eine neue Mauer, die auch das Gräberrund A aus SH I umschloss, angelegt (s. Abb. 9,2). Während SH IIIB2 schuf man die sog. Nordosterweiterung, die dazu diente, ein zu einer unterirdischen Zisterne am Fuß des nordöstlichen Burgabhangs gehendes, aus mächtigen Steinblöcken errichtetes Spitzbogengewölbe und einen unterirdischen, mehrfach umbiegenden Gang, beide mit vielen Stufen, zu sichern. Die Zisterne wurde mittels einer ebenfalls unterirdischen Tonröhrenleitung von einer weit entfernten Quelle mit Wasser versorgt. Etwas östlich des Eingangs zu diesem Gewölbe und in der Südmauer der Nordosterweiterung wurden zudem zwei schmale Ausfallpforten eingefügt (s. Abb. 9,3). Die ehemalige Ostmauer diente nun der Nordosterweiterung als Terrassenmauer. In die Innenseite des westlichen Teils der Nordmauer hat man damals drei Kammern eingefügt (Abb. 11).

Die Befestigungsmauer umfasst ein etwa dreieckiges Areal von 30 000 m², hat einen Umfang von 900 Metern und besitzt eine durchschnittliche Dicke von 5,50 bis 7,50, gelegentlich auch von 8 bis 10 Metern.

Das Mauerwerk ist von «kyklopischer» Bauart: Der größte Teil der Mauer setzt sich aus aufeinandergetürmten großen, nicht oder grob bearbeiteten Kalksteinblöcken zusammen. Die Mauern des Löwentors – von der Reliefplatte abgesehen – bestehen allerdings aus sehr großen, gut bearbeiteten Quadern aus in der Nähe von Mykene gebrochenem Konglomerat. Im Gegensatz zum harten, glatten, einfarbigen – häufig grauen, manchmal auch roten – Kalkstein handelt es sich hierbei um ein

Gestein aus mit tonigem oder kalkigem Material verkitteten, abgerundeten Geröll- oder Kieselbrocken, sodass die Oberfläche grobkörnig-rau und mehrfarbig ist und sich an ihr die unterschiedlich großen Brocken abzeichnen. Die Quader sind ungefähr gleichmäßig in Lagen verlegt. Bei beiden Mauertechniken sind die einzelnen Blöcke unterschiedlich groß, können oft Längen von 1 bis 2 Metern und Höhen bis zu 1 Meter haben, ein Quader im südlichen Mauerschenkel des Löwentors ist sogar 3 Meter lang und 1,90 Meter hoch. Aus großen Blöcken bzw. Quadern sind nur die Vorder- und Hinterschale, d. h. die Außenseiten der Mauer, der Zwischenraum ist mit vielen kleinen Steinen ausgefüllt. Größere Fugen zwischen den Blöcken enthielten Lehmmörtel und kleine Steine.

Auf der steinernen Mauer saß entweder ein ebenso breiter Aufbau aus an der Luft getrockneten Lehmziegeln, vielleicht an der Vorderseite durch hölzerne Längsbalken verstärkt, und darauf ein Wehrgang mit einer zinnenbesetzten Brustwehr aus Lehmziegeln, oder der Wehrgang samt Brustwehr erhob sich unmittelbar auf der Mauer. Außen waren beide Varianten des Aufbaus zum Schutz vor der Witterung mit Kalk verputzt.

Die Mauerschenkel und die Torfront des Löwentors (s. Abb. 10. 11) umschließen einen rechteckigen, geradezu riesigen Hof (15 × 7,25 Meter). Der südliche Mauerschenkel ist von ausgesprochen eindrucksvollen Maßen, einer Länge von 14,80 Metern, einer Breite von 7,25 Metern und hat heute noch eine Höhe von 8,25 Metern. Der etwa 3 Meter hohe und fast 3 Meter breite Durchgang wird von vier gewaltigen Blöcken aus Konglomerat gerahmt: Auf einer Schwelle erheben sich rechts und links senkrechte Blöcke, die einen waagrechten, 4,50 Meter langen, 0,80 Meter hohen, 18 bis 20 Tonnen schweren Block tragen. Darauf sitzt eine an mächtige Steine anstoßende, dreieckige, 3,30 Meter hohe Platte aus Kalkstein, ein sog. Entlastungsdreieck – ein Bauteil, um den Druck der seitlich davon und oben darüber ruhenden Blöcke abzuleiten und den waagrechten Block zu entlasten. Außen ist die Platte mit einem ursprünglich mehrfarbigen Relief verziert: zwei ihre Vordertatzen auf jeweils eine Platte und einen Altar darunter setzende Löwen,

10 – Das Löwentor der Burg von Mykene von Nordwesten.

die eine auf einer mittleren Platte stehende minoisch-mykenische Säule samt darauf ruhendem Gebälk flankieren. Die Köpfe waren gesondert aus anderem Material gearbeitet und mittels großer Dübel an den Tieren befestigt. So dürfte bildlich zum Ausdruck gebracht worden sein, dass Burg und Palast von löwenhaften Kräften beschützt wurden.

Das Niveau des Gräberrunds A (Abb. 11); die nachfolgend angegebenen Nummern beziehen sich auf diese Abb.), das direkt westlich der mittels einer Steintreppe zugänglichen großen Rampe (Breite zwischen 4,10 und 5,75 Metern) liegt (3), wurde gleichzeitig mit deren Bau aufgehöht und oben mit einem doppelten, überdeckten Plattenring aus weichem Kalkstein umgeben; die Grabstelen der Vorgängeranlage (S. 32) hat man auf das neue Niveau gesetzt. Nach Südosten folgen auf das Gräber-

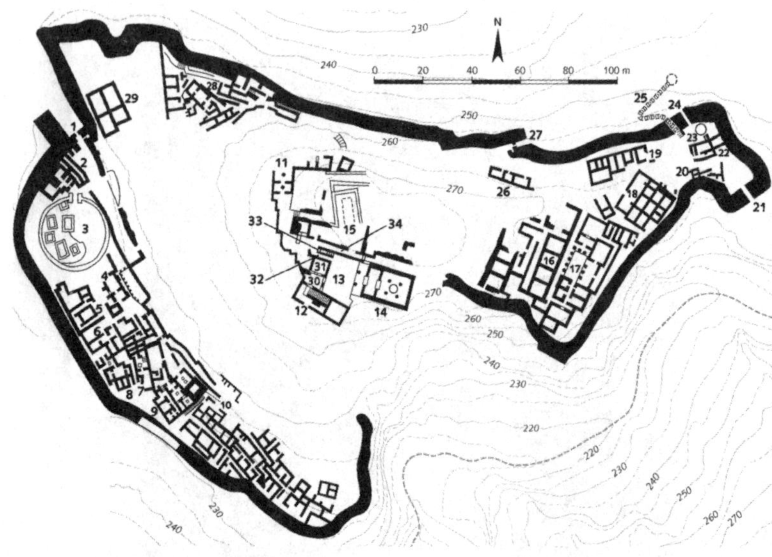

11 – Plan der Burg von Mykene
1 Löwentor – 2 Getreidespeicher – 3 Gräberrund A – 4 Haus an der Rampe 5 Haus der Kriegervase – 6 Süd-Haus – 7 Haus der Idole – 8 Haus der Wandmalereien – 9 Tsountas-Haus – 10 Kultraum G(amma) – Palast: 11 Nordeingang – 12 Südeingang mit Treppenhaus – 13 Vorhof oder Innenhof – 14 Megaron – 15 Athenatempel – 16 Werkstätten und Vorratsräume – 17 Haus der Säulen – 18/19 Magazinbauten – 20 Haus A – 21 Osttor – 22 Haus B – 23 Runde offene Zisterne – 24 Poterne – 25 Unterirdisches Brunnenhaus – 26 Vorratsräume – 27 Nordtor – 28 Haus M – 29 Gebäude N – 30 Hof – 31 Thronraum – 32 Gang zum Hof 33 Treppenhaus – 34 Südkorridor

rund und südlich der sog. kleinen Rampe sowie des diese fortsetzenden Prozessionsweges dicht aneinandergebaute Häuser aus SH IIIB, u. a. das «Haus der Idole» (7), das «Haus der Wandmalereien» (8), wo die auf dem Cover abgebildete Darstellung gefunden wurde, und der «Kultraum G(amma)» (10).

Etwas südlich von Gräberrund A läuft von der großen Rampe ein Weg nach Norden, der sich westlich unterhalb des auf einer Terrasse liegenden Palastbezirks aus SH IIIB1 gabelt. Eine Abzweigung geht zu seinem Nordeingang, dem kleinen Torbau (11), eine andere führt zu seinem Südeingang, dem Haupteingang, dem rechteckigen, zwei Treppen enthaltenden Bau 12; die nördliche, tiefer ansetzende Treppe ist aus Stein, die südliche, höher ansetzende war aus Holz.

Von da aus steigt man zur Terrasse mit dem Palastbezirk hinauf, bestehend aus einem kleinen Hof (30) mit einem Fußboden aus Stuck, dem sich zu diesem öffnenden sog. Thronraum (31), einem großen, quadratischen Hof (13) und dem Megaron (14), wobei Thronraum, Hof und Megaron in einer Achse liegen. Der Thronraum hat eine Schwelle aus Konglomerat (die anderen Mauerreste sind aus Kalkstein) und einen bemalten Stuckfußboden (5,50 × 6,20 Meter), von dem nur noch die an den Wänden entlanglaufenden Randzonen erhalten sind. Etwa in der Achse der Tür und vor der Nordwand weist der Raum eine rechteckige, von blauen und roten Streifen umgebene Aussparung auf (0,80 × 1,10 Meter), in der wohl ein Thron gestanden hat. Dafür sprechen das besondere Material der Schwelle sowie Lage, Größe und Umrahmung der Aussparung. Ob sich in der Mitte des Raumes einst ein Herd befand, kann nicht mehr gesagt werden (Abb. 12).

An den Thronraum schließen unmittelbar nach Norden ein Gang (32) und direkt dahinter ein Treppenhaus (33) an. Kommt man vom Torbau (11) her, so kann man den Hof (13) durch den Gang (32) erreichen. Die lange Mauer, die den Hof im Norden begrenzt, ist die Südwand des sog. Südkorridors (34), der sich direkt nördlich von Megaron 14 fortsetzt. An dieser Stelle steigt der Fels im Korridor um 1,50 Meter nach Norden an, und in dieser Höhe lag der Fußboden des dortigen Korridorteils (Abb. 13). Geht man von Korridor 13 und dem darüberliegenden Raum der Residenz von Pylos aus, dann hätte die Mindesthöhe von Korridor 34 insgesamt etwa 7,70 Meter betragen.

Der Fels im Südkorridor bildet den Fuß der 5,50 Meter höheren Gipfelterrasse, auf der die Reste eines großen rechteckigen Baus und nördlich dahinter nur schlecht erfassbarer Räume liegen; der Bereich wurde durch den nachmykenischen Athenatempel (15) stark zerstört. Das Megaron wurde also vor den Abhang der Gipfelterrasse gesetzt und liegt an ihrem Fuß. Die mykenische Bebauung am Abhang und auf der Terrasse verbarg

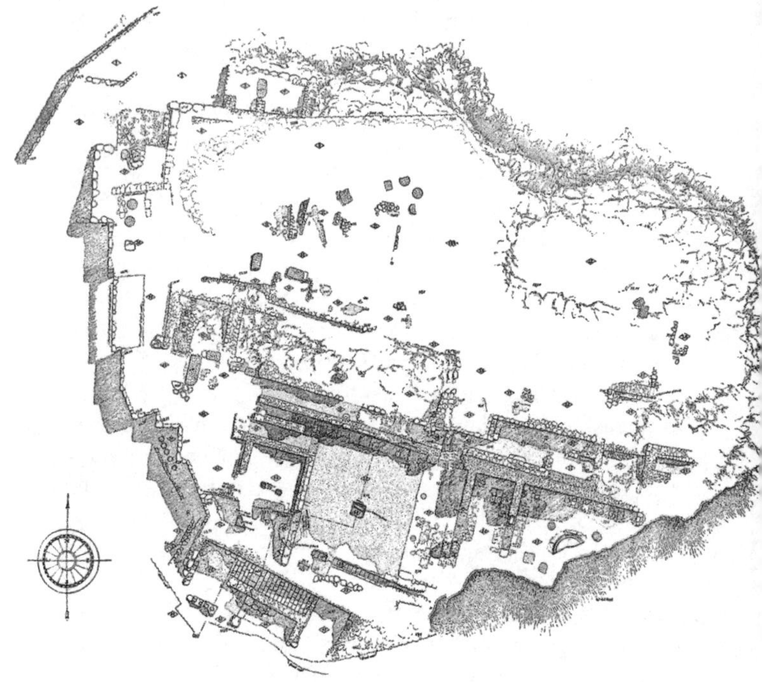

12 – Plan des Palastbezirks der Burg von Mykene.

so die höchste Stelle der Burg, sodass man Thronraum, Hof und Megaron optisch als am höchsten Punkt der Burg gelegen wahrgenommen hat. Im Südosten des Hofes gab es eine kurze Mauer von unbekannter Höhe. Der Blick von außen auf den Hof war durch den wohl hoch aufragenden Südeingang (12) weitgehend versperrt.

Der nördliche Teil des Megarons ruht auf dem zu einer ebenen Fläche abgearbeiteten Fels, der südöstliche auf einer Aufschüttung, die abgestürzt ist. Die einst an der Südostecke des Palastbezirks vorbeilaufende Burgmauer dürfte nicht nur als Verteidigungs-, sondern auch als Stützmauer gedient haben.

Das etwa ostwestlich orientierte Megaron (14) (24 × 12 Meter) gliedert sich in Vorhalle, Vorraum und Hauptraum (s. a. Abb. 12).

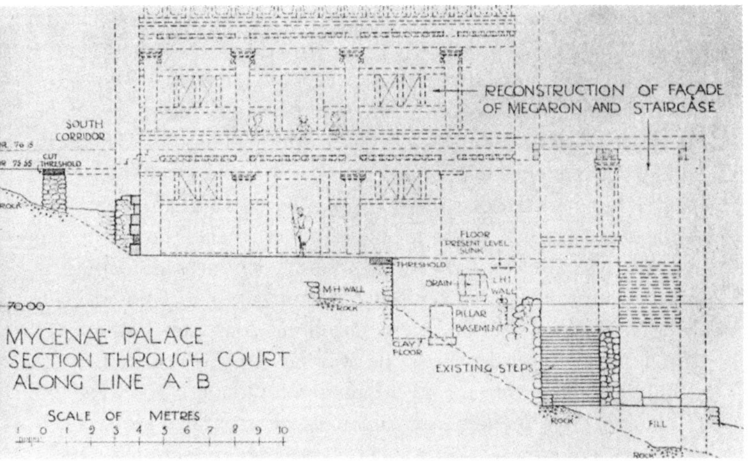

13 – Schnittzeichnung durch den Hof des Palastbezirks von Mykene mit Blick auf die rekonstruierte Fassade des Megarons.

Zwischen den Seitenwänden der Vorhalle finden sich vorn zwei Säulenbasen aus Konglomerat. Bei der südlichen Säulenbasis wurden Fragmente eines Opfertisches gefunden. Der Fußboden bestand aus großen bemalten Gipsplatten, an den Innenwänden, die Malereien trugen, lief ganz unten ein mit ornamentalen Motiven verzierter Streifen entlang. Eine Tür in der Nordwand mit einer Schwelle aus Konglomerat öffnet sich zum östlichen Teil des Südkorridors. An den Ecken der Schwelle wurden verkohlte Holzteile gefunden, wohl die Reste einer hölzernen Treppe, die von hier aus zum Fußboden des Korridors hinaufführte.

Eine Tür mit einer Schwelle aus Konglomerat gewährt von der Vorhalle aus Zugang zum Vorraum des Megarons, dessen Fußboden mit farbigen Gipsplatten gesäumt und in der Mitte mit bemaltem Stuck bedeckt war; die Innenwände trugen Malereien.

Durch eine weitere Tür mit einer Schwelle aus Konglomerat gelangt man in den großen Hauptraum (13 × 11,50 Meter), dessen Fußboden wie der des Vorraums gebildet war und dessen Innenwände Malereien zeigten, darunter eine Darstellung von Kriegern mit Pferden. In der Mitte des Raumes befindet sich der große, runde Herd (Durchmesser 3,70 Meter), der von vier in einem Viereck angeordneten Säulenbasen aus Konglomerat (Durchmesser 0,60 Meter) umstanden wird. Bei einer Basis wurden Fragmente von Bronzeplatten mit Nägeln und in der Nähe des Herdes der Rest eines tragbaren Altars gefunden. Den nicht mehr vorhandenen Standplatz des Thrones nimmt man etwa in der Achse des Herdes vor der rechten Längswand an, worauf so gedeutete, an den gleichen Stellen angetroffene Spuren in den großen Megara von Tiryns und Pylos, noch mehr die Situation im Thronraum des mykenischen Herrschers von Knossos hinweisen, wo an dieser Stelle ein Thron aus Alabaster steht.

Die Rückwand der Vorhalle war aus Bruch-/Feldsteinen errichtet, unten waren ihr zwei Lagen von Quadern aus weichem Kalkstein vorgeblendet, die von einem horizontalen Holzbalken getrennt waren; auch über der oberen Lage möchte man einen weiteren Balken dieser Art ergänzen. Darüber könnte sich die Wand wie soeben beschrieben fortgesetzt haben. Dabei könnten auch über mehreren Bruch-/Feldsteinlagen Längsbalken aus Holz gelegen haben. Die Wände von Vor- und Hauptraum haben ein Fundament und einen Sockel aus Bruch-/Feldsteinen. Darüber setzte sich die Wand entweder aus an der Luft getrockneten Lehmziegeln oder aus Bruch-/Feldsteinen fort. Als Mörtel diente Lehm. Denkbar ist für beide Wandarten auch eine Fachwerkkonstruktion. Die Lehmziegel waren außen mit Kalk verputzt. Die Wände besaßen von Holzbalken gerahmte Fenster. Die Wände des anzunehmenden zweiten Geschosses (s. u.) waren vermutlich eine reine Fachwerk-Lehmziegel-Konstruktion.

Die Säulenschäfte des Megarons 14 wie auch von Hausbauten generell, Tor- und Säulenhallen waren von der Form, wie sie das Relief der Torfront des Löwentors zeigt (Abb. 10); ihr Material war Holz, wobei es im Hauptraum des Megarons zumindest unten mit Bronzeplatten beschlagen war. In Pylos gab es nachweislich stuckierte Säulen, und dieser Überzug war kanneliert und bemalt. Oben trugen die Säulenschäfte ein polsterartiges Kapitell aus Holz. Die Farbe der Oberfläche der Schäfte könnte, sofern sie ohne Metallverkleidung waren, rotbraun, rot oder schwarz gewesen sein. Die Säulen des Megarons von

Mykene waren unten, wo sie auf den runden Steinbasen ruhten, ziemlich dick, zwischen 0,50 und 0,60 Metern.

Da unmittelbar nördlich des Megarons ein weiterer hoher Bau, Südkorridor 34, stand, der eine Mindesthöhe von insgesamt etwa 7,70 Metern gehabt haben müsste (s. o.), und das Megaron doch wohl diesen etwas überragte, d. h. eine mutmaßliche Höhe von wenigstens etwa 8–8,50 Metern gehabt hatte, möchte man das Megaron nicht eingeschossig rekonstruieren (Abb. 13). Hinweise darauf, dass das Megaron etwas höher als die unmittelbar seitlich von ihm errichteten Bauten gewesen sein dürfte, geben einige minoisch-mykenische Wandmalereien mit repräsentativen Baukomplexen, die zeigen, dass das zentrale Gebäude die beiden direkt seitlich angebauten Bauteile um einiges überragt. Zwei- oder dreistöckige Häuser waren offenbar nicht ungewöhnlich: Miniaturnachbildungen von solchen Hausfassaden (mit Fenstern in den Wänden) kommen in der minoisch-mykenischen Kleinkunst vor und zwei Wandmalereien geben die Baukomplexe zwei- bis mehrstöckig wieder. Außerdem wurden in der minoischen Siedlung auf Thera/Santorin Reste zwei- oder dreigeschossiger Häuser ausgegraben. Überdies ist ein tönernes Hausmodell aus der kretischen Siedlung Archanes zweistöckig und zeigt im oberen Stockwerk eine Veranda mit minoisch-mykenischen Säulen.

Jedoch dürfte für die mykenischen Megara nur ein weiteres Geschoss (Abb. 13), nicht aber noch ein drittes, anzunehmen sein, denn Megara mit drei übereinandergesetzten Vorhallen, Vor- und Haupträumen, bei denen in allen Stockwerken in den Vorhallen jeweils vorn zwei Holzsäulen bzw. in den Haupträumen jeweils vier Holzsäulen (in der Mitte) aufgestellt gewesen wären, hätten wohl statische Probleme aufgeworfen. In diesem Zusammenhang sei darauf hingewiesen, dass auf der bekannten Rekonstruktionszeichnung des Westflügels des Palastes von Knossos (zum Haupthof hin) beim dreigeschossigen Verandenteil die beiden oberen Stockwerke mit den Holzsäulen auf einer archäologisch nachgewiesenen Reihe von Pfeilern (im unteren Stockwerk) ruhen, wodurch die Stabilität des Baues gewährleistet wird. Die ältere Forschungsmeinung, mykenische Megara seien nur eingeschossig gewesen, darf also als überholt angesehen werden. Man wird allerdings annehmen dürfen, dass andere, einfacher konstruierte Bauten des Palastbezirks der Burg von Mykene, man denke an die Rekonstruktionszeichnung in der Nordwestecke von Hof 13, fast dreistöckig und dann die einzelnen Stockwerke jeweils niedriger als die beiden des Megarons gewesen wären.

Wie man sich beim Megaron das Innere des Hauptraums und den über dem Herd gelegenen Bereich des mutmaßlichen Flachdachs, wo die sog. Laterne als Lichtöffnung und Rauchabzug angebracht war, vorzustellen hat, wird im Zusammenhang mit dem Megaron von Pylos dargelegt (S. 108 f.).

Ähnlich wie das Megaron war wohl auch der Thronraum (31) mindestens zweistöckig; dass er nicht einstöckig war, darauf weist das Treppenhaus (33) hin.

Obwohl es archäologische Indizien für die Existenz von Giebeldächern gibt, liegt es eher nahe, zu vermuten, dass die mykenischen Megara ein Flachdach hatten, denn nicht *ein* Dachziegel, der einem Giebeldach zugewiesen werden könnte, wurde bei den Ausgrabungen in oder bei den Megara gefunden und die gerade angeführten Darstellungen zeigen stets Flachdächer. Auch ein tönernes Hausmodell aus dem Menelaion mit einer Vorhalle weist ein Flachdach auf.

Da das Megaron an hervorgehobener Stelle der Burg steht, es der größte, durchstrukturierteste, prachtvollste, d. h. repräsentativste Bau des Palastbezirks war, darf es als Sitz des an der Spitze der mykenischen Gesellschaftsordnung stehenden Mannes, des *wanax*, gedeutet werden. Den nicht weit vom Megaron entfernten, in seiner Achse liegenden, an den großen Hof anschließenden, selbst auf einen – kleineren – Hof ausgerichteten und nicht ganz so reich ausgestatteten Thronraum wird man dann als Sitz des zweithöchsten Mannes, des *lawagetas*, ansehen können. Entsprechend der auch sonst gegenüber dem Megaron zurücktretenden Ausstattung ist der Bau, obwohl zweistöckig, vermutlich nicht so hoch wie das Megaron gewesen.

Im Nordosten des Megarons befindet sich ein kleiner Raum, von dem nur noch eine Mauerecke erhalten ist; er wird als

Bad gedeutet. Manche Räume in der Umgebung des Megarons könnten also zum Wohntrakt des Palastbezirks gehört haben.

Im Osten der Burg liegt das während SH IIIB erbaute «Haus der Säulen» (17), so genannt nach den einen Hof umgebenden Säulen. Unmittelbar westlich vor ihm befindet sich Raumkomplex 16 mit Werkstätten und Vorratsräumen, nordöstlich schließen die Magazinbauten 18 und 19 an. Auf zwei weitere Hauskomplexe trifft man unmittelbar östlich des Löwentors, N und M (29. 28), wobei zumindest N ein Magazinbau gewesen sein könnte; sie stammen aus der Spätphase von SH IIIB2. Auch die übrigen Areale der Burg waren wohl während SH IIIB dicht bebaut.

Um 1200 wurde die Burg durch einen Brand zerstört. Das Gebiet außerhalb der Burg, das Häuser bzw. Hausgruppen, Kuppelgräber und Kammergrabfriedhöfe umfasst, war unbefestigt. Etwas südwestlich der Burg stößt man auf eine Gruppe von vier Häusern, das «Haus der Schilde», das «Haus des Ölkaufmanns», das «Haus der Sphingen» und das «Westhaus» (aus SH IIIB1, sie wurden am Ende dieser Phase durch Brand zerstört und nicht renoviert). Häufig sind Häuser bzw. Hausgruppen nicht scharf von Kuppelgräbern bzw. Kammergrabfriedhöfen getrennt, sondern nahe bei ihnen erbaut.

Das am besten erhaltene und perfekteste Kuppelgrab ist das berühmte «Schatzhaus des Atreus» 500 Meter südlich der Burg (Abb. 14). Es besitzt einen langen Gang aus Konglomeratquadern und ein sehr hohes Portal. Der Kuppelraum, ebenfalls aus Quadern, hat einen Durchmesser von 14,50 und eine Höhe von 13,50 Metern. Er ist nach dem Prinzip des falschen Gewölbes konstruiert und diente der Niederlegung von Beigaben und dem Totenkult. Jeder, der in diesem Raum steht, dürfte von seiner exakten Ausarbeitung, Monumentalität und Wirkung überwältigt sein. Im Norden öffnet sich ein kleines Tor mit Gang, der in eine in den Fels gehauene Kammer mit zwei Grabgruben im Boden führt. Die hier Bestatteten waren wohl Angehörige einer Herrscherfamilie aus SH IIIA2.

Im mykenischen Hellas wurden Kuppelgräber nicht nur wäh-

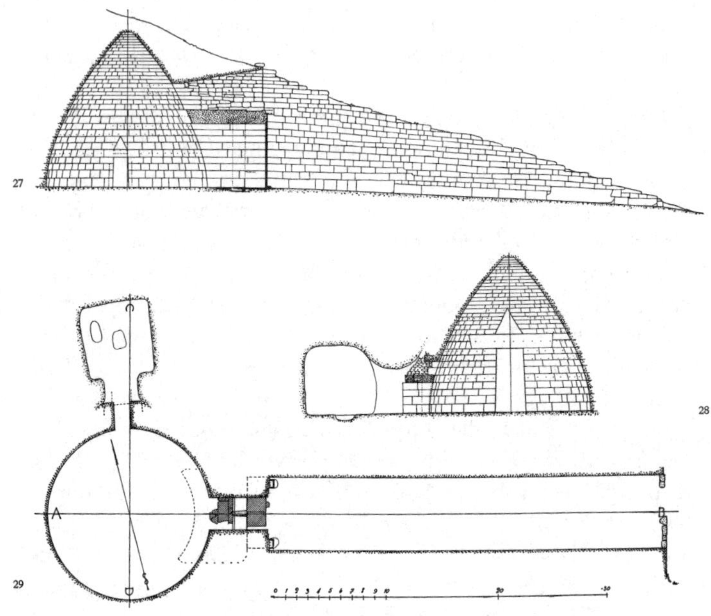

14 – Das sog. Schatzhaus des Atreus in Mykene.
Unten: Plan (rechts der Gang, links der Kuppelraum, oben daran anschließend die Grabkammer).
Oben: Schnitt durch Gang und Kuppelraum.
Mitte rechts: Schnitt durch Kuppelraum und Grabkammer.

rend SH IIIA, sondern auch – weniger zahlreich – noch während SH IIIB erbaut; am beliebtesten waren damals jedoch Kammergräber. Außerdem gab es, in deutlich geringerer Zahl, einfache Gruben- und (Stein-)Kistengräber, diese für Einzel-/Körperbestattungen, wobei Gruppen von solchen Gräbern unter aufgeworfenen Hügeln lagen. Man benutzte auch Kammergräber nachahmende, von Hügeln bedeckte Grabhäuser aus grob bearbeiteten Steinen.

Die Burg von Mykene zeigt zweifellos ein sehr wirkungsvolles Verteidigungskonzept, was nicht nur die schwere Erreichbarkeit der Mauer auf drei Seiten, sondern auch ihre enorme Dicke und beträchtliche Höhe sowie ihre riesigen Blöcke zum

Ausdruck bringen. Und das dem Löwentor (1) zugrunde liegende Prinzip zeigt, dass es für Angreifer schwer gewesen sein dürfte, in die Burg einzudringen, denn sie konnten hier, auf relativ engem Raum zusammengedrängt, von drei Seiten aus beschossen werden, wobei das am effektivsten vom südlichen Mauerschenkel aus geschah, da die Anstürmenden hier den Verteidigern ihre rechte, ungedeckte Seite darboten – der Schild wurde ja gewöhnlich links getragen (Abb. 11). Dabei waren die Verteidiger infolge der großen Höhe von Mauerschenkeln und Torfront und ihrer Aufbauten gut geschützt. Im Prinzip gilt das auch für das Nordtor (27), obwohl es deutlich bescheidener ist. Und da vermutlich Magazine Waffen und Vorräte enthielten sowie durch die Nordosterweiterung die Wasserversorgung sichergestellt war, zeigt sich auch darin, wie effizient das Verteidigungskonzept war. Türme hat die Mauer allerdings nicht, worin Mykene aber nicht allein steht, denn auch andere mykenische Burgen verfügen nicht darüber; nur die Burg von Tiryns hat zwei Türme.

Aber die Burg von Mykene diente auch der Zurschaustellung von Macht und Stärke, was sich in ihrer beträchtlichen Größe und ihrer Struktur sowie in den Bauten des Palastbezirks samt ihrer Ausstattung äußerte.

Man muss sich dabei klarmachen, dass die Burg von Mykene um einiges größer als die Burgen von Tiryns und Athen ist. Die Kadmeia, die Burg von Theben in Böotien, war allerdings noch größer – und noch etwas größer ist Gla in Böotien, aber diese hatte schwerlich Residenzcharakter.

Die Burg von Mykene zeichnet sich durch einen eindrucksvollen Palastbezirk aus, der um einen großen Hof angelegt ist und zwei nicht weit voneinander entfernte, repräsentative Bauten aufweist (Abb. 11. 12): das große, prachtvolle Megaron (14) und den kleineren, nicht ganz so prachtvollen Thronraum (31).

Die Wirkung der einzelnen Räumlichkeiten des Palastbezirks, besonders des Megarons, wurde wohl noch durch die aus Konglomerat gefertigten Schwellen und Säulenbasen verstärkt. Dieses Gestein setzt sich ja deutlich vom Kalkstein ab (S. 77 f.) und seine Bedeutung wäre vermutlich schon beim Durchschreiten des Löwentors klar geworden; vor allem an den Schwellen konnte man erkennen, dass man nun in einen bedeutsamen Raum eintrat.

Die überragende Stellung des *wanax* äußerte sich natürlich auch darin, dass Palastbezirk und Megaron optisch als an der höchsten Stelle der Burg gelegen wahrgenommen wurden. Das zweite Stockwerk des Megarons dürfte die anderen Bauten des Palastbezirks deutlich überragt haben (Abb. 13), sodass zumindest der oberste Teil dieses Geschosses vom tiefer gelegenen Bereich und von außerhalb der Burg aus zu sehen gewesen sein dürfte. Andererseits waren eventuell im großen Hof stattfindende Riten nur schwer oder gar nicht von außen einsehbar, da dieser Hof fast vollständig von Bauten umschlossen war. Umgekehrt hätte der *wanax*, wenn er auf dem Dach des Megarons gestanden hätte, viele wichtige Teile der Burg, das Gräberrund A, die Untersiedlung und die argivische Ebene, also seinen Herrschaftsbereich, in den Blick nehmen können (Abb. 11).

Durch die Rolle des Thronraums (31) als Teil des Palastbezirks, vor dem großen Hof (13) und gegenüber dem Megaron (14), zudem in der Achse dieser Bauten, und die Nähe zum Megaron (s. Abb. 11. 12), wurde deutlich gemacht, dass *lawagetas* und *wanax* verhältnismäßig eng miteinander verbunden waren. Zugleich machten aber die Trennung der beiden Bauten durch den Hof, die unterschiedliche Größe, Gliederung und Ausstattung von Thronraum und Megaron sowie das Durchschreitenmüssen von Hof, Vorhalle und Vorraum des Megarons durch den *lawagetas*, wenn er zum *wanax* ging, auch klar, dass er diesem rangmäßig untergeordnet war. Infolge der ausgeprägten Rangordnung der mykenischen Gesellschaft wird man davon ausgehen dürfen, dass – jedenfalls unter normalen Bedingungen, also in Friedenszeiten – Ersterer den *wanax* aufzusuchen hatte, möglicherweise sogar regelmäßig, nicht aber dieser den *lawagetas*.

Ein Besucher, etwa der Gesandte eines anderen Staates oder auch ein Untertan, dem Zugang zum *wanax* von Mykene gewährt worden war, konnte nicht einfach und direkt zum Herrscher gelangen, sondern sozusagen nur Schritt für Schritt. Er hatte Torbauten, Höfe und schließlich eine Vorhalle und einen Vorraum zu passieren. Auf seinem Weg musste er mehrfach nach rechts bzw. links umbiegen. Er musste buchstäblich bis zum (optisch wahrgenommenen) höchsten Punkt der Burg hinaufsteigen, ehe er den thronenden *wanax* sah: Nach dem Passieren des Löwentors (1) betrat unser Besucher die große Rampe. Dabei kam er zunächst am Gräberrund A (3) vorbei. Die Neugestaltung der Grabanlage und ihre Einbeziehung in die Burg durch einen *wanax* aus der ersten Hälfte des 13. Jh. dürfte deshalb erfolgt sein, weil dieser die Absicht hatte, die hier Bestatteten als seine schon vor langer Zeit regierenden Vorgänger bzw. Vorfahren zu präsentieren, um die Legitimität seiner eigenen Herrschaft zu festigen, eine Botschaft, die dem Besucher kaum entgangen sein dürfte. Unser Besucher schlug dann den Weg nach Norden ein, um eine der beiden Abzweigungen zu nehmen, wohl primär die, die zum Süd- bzw. Haupteingang 12 (mit Treppenhaus) führte, weil dieser der repräsentativere war. Nun erstieg er die untere Terrasse mit kleinem Hof (30) und Thronraum (31), ehe er über den großen Hof (13) und die Vorhalle und den Vorraum endlich in den Hauptraum des Megarons (14) gelangte. Vielleicht ging er auch zuerst in den Thronraum, um vor dem *lawagetas* zu erscheinen, und betrat erst danach den großen Hof. Dann fiel sein Blick auf die prachtvolle Fassade des Megarons (Abb. 13). Wenn unser Besucher den Hof, die Vorhalle und den Vorraum des Megarons durchschritten hatte, sah er in der Mitte des Hauptraums den von vier Säulen umstandenen großen Herd und den in der Achse des Herdes vor der rechten Längswand stehenden Thron, auf dem der *wanax* saß. Dabei nahm er Herd, Säulen und Thron als die bestimmenden Elemente im Raum wahr. Zu beiden Seiten des Thrones, und vielleicht auch an den anderen Wänden, dürfte auf hölzernen Bänken das Gefolge des *wanax* gesessen haben. Unser Besucher erfuhr den *wanax* als weit entfernte, in einem ganz besonderen Umfeld agierende, aus dem Alltag herausgehobene Person. Wenn der Herrscher jetzt noch irgendeine Zeremonie praktizierte, muss der Eindruck wirklich überwältigend gewesen sein.

Die Burg des auf einem schmalen Kalksteinfelsen etwa 19 Kilometer südöstlich von Mykene und nicht weit von der heutigen Küstenlinie entfernten *Tiryns* erhebt sich nur bis zu einer Höhe von etwa 30 Metern über der Ebene und umfasst ein längliches Areal von ungefähr 20 000 m^2, das eine Länge von ca. 300 Metern und eine größte Ausdehnung von fast 100 Metern hat. Die Burg besteht während SH IIIB2 aus drei Teilen: aus der verhältnismäßig umfangreichen Oberburg mit dem Palastbezirk im Süden, der nördlich anschließenden kleinen Mittelburg und der dann nach Norden folgenden großen Unterburg. Irgendwann während SH IIIA wurde die erste, nur die Oberburg umschließende Mauer errichtet, wogegen unklar ist, ob die Unterburg befestigt war, und wenn ja, welche Art von Befestigung sie hatte. Jedenfalls während SH IIIB1 wurde diese durch eine widerstandsfähige Mauer aus Bruchsteinen gesichert. In dieser Phase hat man die Mauer der Oberburg an einigen Stellen verstärkt (Abb. 15).

Während SH IIIB2 fand ein weiterer Ausbau aller drei Burgbereiche statt, sodass die Gesamtanlage von einer gewaltigen *Mauer* geschützt war. Die Unterburg wurde zuerst mit der später verschlossenen Nordpforte und dem sie ersetzenden Nordtor links und rechts der Nordspitze sowie einer Pforte mit Treppe in der südwestlichen Mauer ausgestattet.

Im Zuge dieser Baumaßnahmen wurden auch die nach außen biegende und nach Süden hinunterführende steinerne Westtreppe mit der sie westlich flankierenden Mauer und ihrer schmalen Pforte (Abb. Plan Tiryns, Oberburg 47), die Mauer der Mittelburg sowie die Ost- und Südgalerie mit ihren Kammertrakten errichtet. In der Mauer der Unterburg wurden zahlreiche zweigeschossige Kammern mit meist ungefähr quadratischem Grundriss angelegt, wobei ein Teil von diesen vorn in Schießscharten auslief, die aber nach einiger Zeit wieder verschlossen wurden. Um die Wasserversorgung sicherzustellen, hat man im nordwestlichen Teil der Unterburgmauer, und zwar unmittelbar südlich ihres Knicks, zwei zu unterirdischen Wasserstellen führende, etwa 30 Meter lange Spitzbogengewölbe angelegt (Abb. 15). Die Mauer von Mittel- und Oberburg wurde

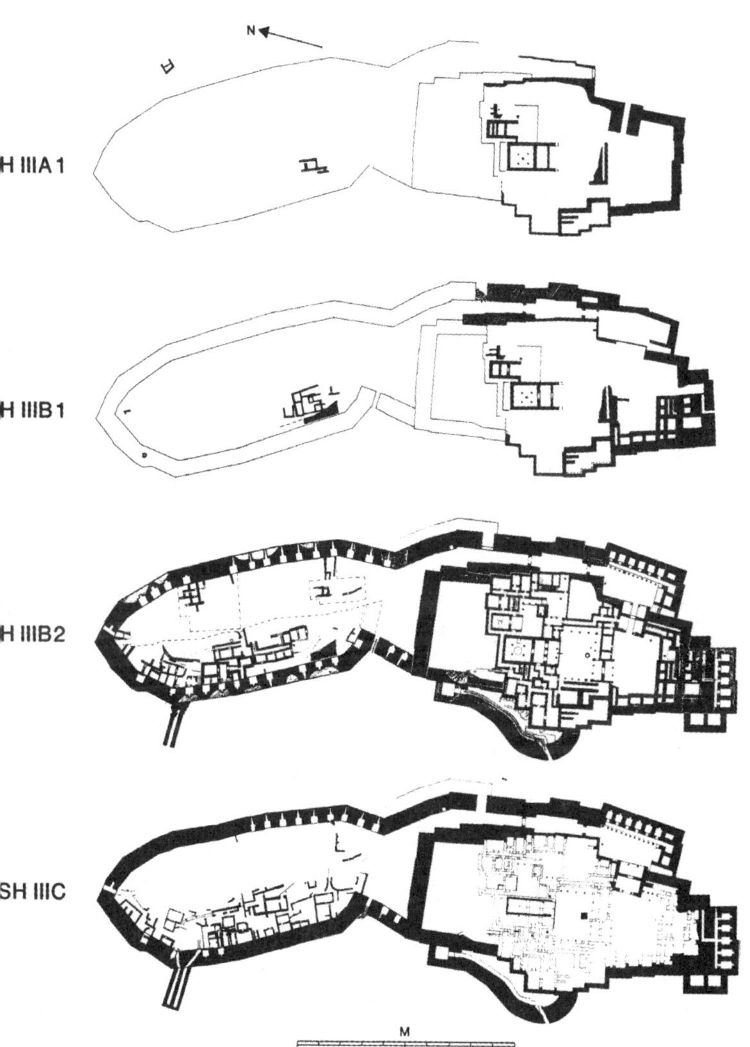

15 – Pläne der Bauphasen der Burg von Tiryns (der Plan unten gibt die hier nicht besprochene Bauphase aus SH IIIC wieder).

durch zwei Türme verstärkt, einen mächtigen direkt nördlich der Westtreppe, wo man vor dem Turmtor auch eine Fallgrube angebracht hat, und einen weiteren, sehr großen mit zwei Kammern an der Südwestecke (Abb. 16).

Für die an vielen Stellen 7 Meter breite Mauer von kyklopischer Bauart wurden rote und graue Blöcke aus Kalkstein verwendet. Nicht selten kommen Quader vor, die in horizontalen Lagen etwa gleichmäßig verlegt sind, wobei die Blöcke oft größer sind als bei der Burgmauer von Mykene; die Länge beträgt in Tiryns häufig 2 bis 3, die Höhe 1 und die Dicke auch 1 Meter. Allerdings finden sich auch deutlich kleinere, häufig grob geformte Blöcke. Die Mauertechnik der drei Bauphasen weist jeweils deutliche Unterschiede auf. Vor allem während SH IIIB2 wurden sehr große, aber nicht mehr so sorgfältig wie vorher bearbeitete Blöcke benutzt. Außerdem hat man damals mehr Füllsteine in die Lücken dazwischen eingebracht, wobei hier zugleich Lehmmörtel verwendet wurde.

Zutritt zur *Ober-* wie zur *Unterburg* (Abb. 16) gewährt das Haupttor (51) (die nachfolgend angegebenen Nummern beziehen sich auf diese Abb.), das ursprünglich eine Durchgangsbreite von 4,70 Meter hatte. Zu ihm führt eine ebenso breite lange Rampe (52). Man biegt am Tor nach rechts, um in den Durchgang zu gelangen, dann am Ende von ihm erneut nach rechts, um in die Unterburg, oder nach links, um in die Oberburg zu kommen. Auf dem beiderseits von mächtigen Mauern gesäumten Weg in die Oberburg passiert man weiter südlich ein großes Tor (53), das aus einem 4 Meter langen und 1,45 Meter breiten Schwellenblock, zwei senkrechten seitlichen, ehemals 3,20 Meter hohen Blöcken (einer vollständig erhalten) und einem verschwundenen waagrechten Block besteht, wobei der Durchlass 2,86 Meter breit ist. Die noch vorhandenen Blöcke sind aus Konglomerat, der verschwundene war das wohl auch. Die Maße des Tores und das Material der Blöcke entsprechen also in etwa denen des Löwentors von Mykene. Der nicht mehr vorhandene Steinaufbau darüber wird daher auch gern so ergänzt wie dort.

Hinter dem Tor beginnt ein langer, breiter Weg (54), der im

Süden mit zwei hintereinander gestaffelten Toren (55) endet. Daran schließt südlich ein großer Hof (56) an, der im Osten von einer Säulenhalle begrenzt wird. Unter dieser Halle liegt ein fast 30 Meter langer, nordsüdlich ausgerichteter Gang, die sog. Ostgalerie, deren Westmauer unter der Säulenstellung der Halle verläuft. Der Gang wird im Osten von einer Wand mit Zugängen abgeschlossen, durch die man zu sechs in der südöstlichen Befestigungsmauer ausgesparten, westöstlich orientierten und im Osten durch dickes Mauerwerk verschlossenen Kammern (57) gelangt. Galerie und Kammern sind als Spitzbogengewölbe ausgebildet, wobei Wände und Decken aus gewaltigen, aber relativ sorgfältig bearbeiteten Blöcken erbaut sind. Welche Funktion die Kammern hatten, ist unklar; möglicherweise dienten sie der Aufbewahrung von Vorräten und/oder Waffen (Abb. 17).

Galerie und Kammertrakt stehen auf einer mächtigen steinernen Untermauer von einst vielleicht 6 Metern Höhe. Wie es darüber, d. h. östlich der Säulenhalle, aussah, ist nicht leicht zu klären. Da hier viel Lehmziegelschutt gefunden wurde, geht ein Vorschlag dahin, ein weiteres Geschoss mit Kammern, die aber aus luftgetrockneten Lehmziegeln bestanden, zu ergänzen. Betreten hätte man die Kammern durch Türen in der Rückwand der Säulenhalle. Auf dem Kammergeschoss wären dann noch ein Wehrgang und eine zinnenbesetzte Brustwehr aus Lehmziegeln zu ergänzen. Man kann aber auch über dem Kammertrakt einen Aufbau aus Lehmziegeln und darauf einen Umgang, dann weiter östlich einen Wehrgang mit Brustwehr annehmen. Jedenfalls muss die Burg auch von hier aus zu verteidigen gewesen sein.

Nach Betreten des Hofes (56) biegt man nach rechts in den sehr großen, etwa quadratischen Torbau (1) von 13,60 Metern Seitenlänge ein. Er hat in der Mitte ein Tor mit einer 4 Meter langen und 2 Meter breiten Schwelle aus Kalkstein, östlich und westlich davon jeweils eine Halle. Die Kalksteinbasen der insgesamt vier Säulen haben sich noch erhalten. Die Seitenwände der Westhalle setzen sich rechtwinklig umbiegend fort und sind relativ nah an die beiden Säulen herangeführt. Der Fußboden

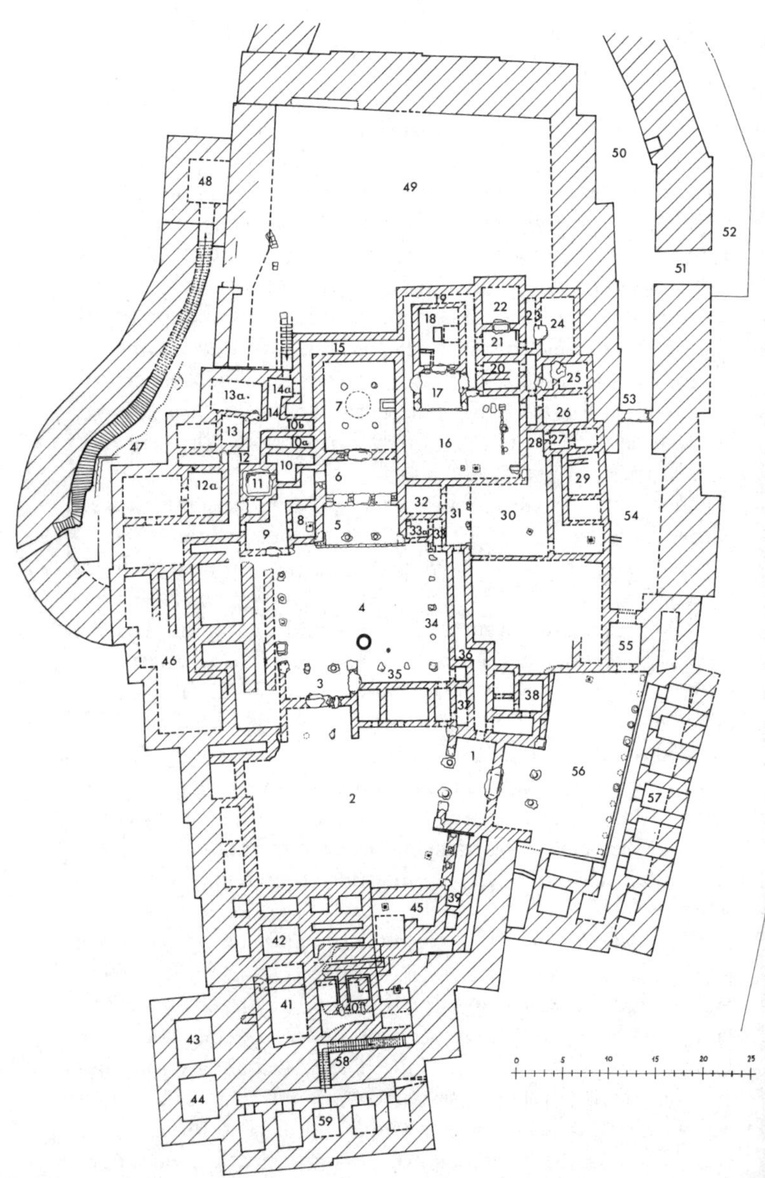
48
49
50
52
51
19
22
18
23
24
21
15
20
25
13a.
14a
17
53
7
14
10b
26
13
10a
16
28
27
47
12
10
12a
11
29
6
32
31
30
54
8
5
33a
33
9
4
34
36
55
46
35
3
38
37
1
56
2
57
39
45
42
41
40
43
58
44
59
0
5
10
15
20
25

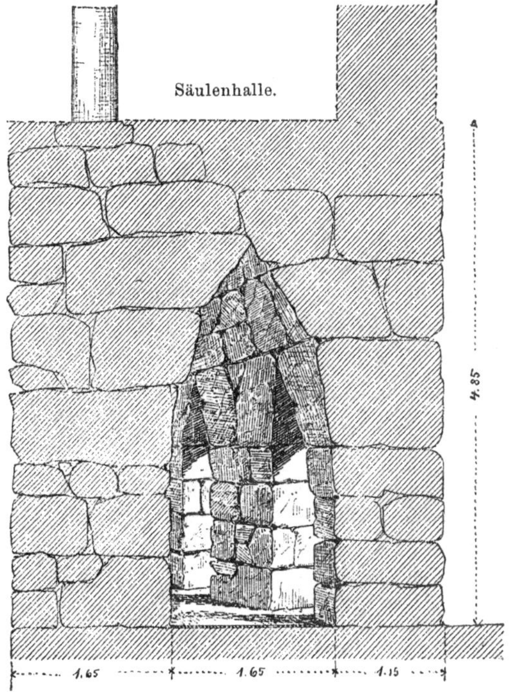

17 – Burg von Tiryns, Blick von Süden in die Ostgalerie mit Spitzbogengewölbe.

16 – Plan der Burg von Tiryns

1 Torbau | 2 Hof | 3 Torbau | 4 Hof | 5–7 Großes Megaron: 5 Vorhalle | 6 Vorraum | 7 Hauptraum | 9 Durchgangsraum | 10 Hof | 10a/b Treppenhaus | 11 Bad | 12 Korridor | 14/14a Durchgangsräume | 15 Korridor | 16 Hof | 17/18 Kleines Megaron: 17 Vorhalle | 18 Hauptraum | 19 Korridor | 20 Treppenhaus | 30 Hof | 31 Säulenhalle | 36 Korridor | 43/44 Turm | 47 Westtreppe | 48 Turm | 51 Haupttor | 52 Rampe | 53 Großes Tor | 54 Weg | 55 Tor | 56 Hof | 57 Ostgalerie | 58 Spitzbogengalerie mit Treppe | 59 Südgalerie.

des Torbaus ist aus Kieselsteinen und Kalk. Der Bau ist wohl als Prunktor anzusprechen. Spätestens damit möchte man den Palastbezirk beginnen lassen.

In der Nordwand der Westhalle öffnet sich eine Tür, hinter der ein nach Norden führender Korridor (36) folgt; er biegt etwa in der Mitte rechtwinklig nach Westen um und mündet in eine kleine Säulenhalle (31), die sich zu einem kleinen, viereckigen Hof (30) im Osten öffnet. In seiner Nordwand liegt der schmale Zugang zu einem größeren Hof mit einer kleinen, rechtwinkligen Säulenhalle im Osten und Norden (16). Dies ist der Hof des sog. Kleinen Megarons (17. 18).

Westlich des Torbaus (1) liegt ein sehr großer, fast quadratischer, mit einem Kalkfußboden bedeckter Hof (2), der im Süden Reste einer kleinen Säulenhalle aufweist, die sich ursprünglich auch auf der Westseite fortgesetzt haben könnte. Unmittelbar nordwestlich des Torbaus schließt sich ein aus vier Räumen bestehender, ostwestlich ausgerichteter Trakt (37) an, von denen der dritte von Westen der Durchgangsraum zu dem Hof (4) vor dem sog. Großen Megaron (5–7) ist.

Im Süden von Hof 2 folgen einige kleinere Räume, dann in der südlichen Burgmauer ein rechtwinklig nach Süden umbiegendes Spitzbogengewölbe (58) mit steinerner Treppe aus SH IIIB1, das zur ostwestlich ausgerichteten Südgalerie und zu fünf nach Süden folgenden Kammern (59) hinunterführt, beide Raumteile sind ähnlich konstruiert wie die Ostgalerie und der nach Osten anschließende Kammertrakt und wurden wie diese während SH IIIB2 erbaut. Die Südgalerie und ihr Kammertrakt wurden damals vor die südliche Burgmauer aus SH IIIB1 gesetzt und sind auf dem Fels errichtet; auf der südlichen Mauer, der Südgalerie und dem Kammertrakt saß einst ein steinerner Mauerklotz, in nordsüdlicher Richtung 17,50 Meter stark. Darauf könnte ein Umgang oder Platz, dann nach Süden ein Wehrgang mit zinnenbesetzter Brustwehr aus luftgetrockneten Lehmziegeln gesessen haben.

Der Hauptzugang zu Hof 4 ist der aus zwei Säulenhallen gebildete Torbau (3); er ist etwas kleiner als Torbau 1. Die Schwelle und weitere Blöcke sind aus Konglomerat. Nach

Durchschreiten des Torbaus (3) erreicht man den Hof (4), der mit einem Kalkfußboden bedeckt und von Säulenhallen im Süden, Osten und Westen gesäumt wird. Der Pfeiler in der Südostecke ist aus Konglomerat. Unmittelbar nordöstlich des Torbaus stößt man auf einen ursprünglich runden Altar aus Kalksteinquadern. In der Achse dieses Altars liegt auf der anderen Seite des Hofes das sog. Große Megaron (26 × 12 Meter), bestehend aus Vorhalle (5), Vorraum (6) und Hauptraum (7). Es liegt nicht in der Achse des Torbaus. Zur Vorhalle mit den beiden Säulenbasen vorn steigt man zwei Stufen aus grauen und roten Kalksteinplatten hinauf. Der bemalte Stuckfußboden wies von Rosettenbändern gerahmte Vierecke auf. An der Stirn der Seitenwände findet sich jeweils ein Block aus Konglomerat. Unten lief an diesen Wänden ein weißer, mit Ornamenten geschmückter reliefierter Alabasterfries mit eingelegten kleinen, blauen Glasflussteilchen entlang. Einen ähnlichen Fußboden wie die Vorhalle besaß der durch drei Türen mit einer Schwelle aus Konglomerat betretbare Vorraum.

Die große Tür mit einer Schwelle aus Konglomerat in der Nordwand des Vorraums führt in den Hauptraum (12 × 10 Meter). In der Mitte befand sich, im Rechteck von vier Säulen umgeben, der große, runde Herd (Durchmesser etwa 3,50 Meter), von dem nur wenig erhalten ist. In seiner Achse dürfte an der rechten Seitenwand auf einer mit farbigem Stuck überzogenen Stufe aus Steinplatten und mit drei Rosettenbändern verziert der rechteckige Thron (2,10 × 1,43 Meter) gestanden haben, von dem ebenfalls nur wenig übrig geblieben ist. Der bemalte Stuckfußboden war in von Rosettenbändern umrandete Vierecke geteilt, die Meerestiere wiedergaben. Auch die Wände trugen sicherlich Malereien.

In der westlichen Seitenwand des Vorraums führt eine andere Tür mit einer Schwelle aus Konglomerat in einen zickzackförmigen Durchgangsraum (9) und einen Korridor (12) im Westen, der zuerst nach Osten, dann nach Norden umknickt. Fast direkt nach Betreten dieses Korridors biegt man nach rechts in den kleinen Raum ein, dann nach links in ein quadratisches Bad (11) um, dessen Fußboden aus einem einzigen Kalksteinblock mit Abflussrinne in der Nordostecke besteht. Hier wurden auch die Reste einer tönernen Wanne gefunden. Manche Räume in der Nähe des Bades könnten also zum Wohntrakt des Megarons gehört haben.

Westlich, nordwestlich und nördlich des Bades folgen weitere größere und kleinere Räume: 10a und b sind ein Treppenhaus, das von 10b aus zugänglich, 10 ein kleiner Hof, der vom Bad und von Korridor 12 aus betretbar ist.

Korridor 12 geht in einen Durchgangsraum (14), dann in seine Fortsetzung (14a) über, der im Norden eine Tür hat, von der aus man auf einer steinernen Treppe in den um 2 Meter tiefer liegenden Bereich der Mittelburg hinuntersteigen kann. Durch die östliche Tür gelangt man in Korridor 15, der etwa die nördliche Hälfte des Hauptraums (7) des Großen Megarons umgibt. Er mündet an der Nordostecke des Hauptraums rechtwinklig in Korridor 19, der den größten Teil des nach Norden verschobenen Kleinen Megarons (17. 18) umläuft. Der östliche Teil dieses Korridors hat im Süden eine Tür, die das Betreten von Hof 16 ermöglicht, wobei dieser auch durch Korridor 15, d. h. letztlich vom Großen Megaron aus, erreichbar ist.

Das Kleine Megaron (12 × 6 Meter) besteht aus der Vorhalle (17) und dem Hauptraum (18) (7,60 × 5,47 Meter), wobei die Vorhalle keine Säulen hatte und durch jeweils eine seitliche Tür von Korridor 19 aus zugänglich ist. Etwa in der Mitte des Hauptraums zeichnen sich die Spuren eines Herdes ab, der rechteckig ist und nicht von Säulen umstanden war. In seiner Achse und vor der Ostwand grenzt an ihn eine fast quadratische Eintiefung im bemalten Stuckfußboden, die von einem gemalten Ornamentband eingefasst wird. Aufgrund von Gestalt, Umrahmung und der Analogie zum Großen Megaron darf sie als Stelle eines Thrones zu verstehen sein.

Nicht nur die kleineren Dimensionen und das Fehlen eines Vorraums unterscheiden diesen Bau von dem Großen Megaron, sondern er weicht auch darin ab, dass Herd und Thron nicht in der Querachse des Hauptraums liegen, sondern etwas nach Norden verschoben sind, der Herd rechteckig ist und nicht von Säulen umstanden war, der Thron beinahe quadratisch ist, nicht auf einer Stufe steht und die Bemalung des Fußbodens und die Umsäumung des Thrones viel einfacher sind. Auch wurde im Kleinen Megaron nirgends Konglomerat verwendet. Zudem ist es auf den kleineren Hof 16 ausgerichtet.

An dieses Megaron schließen im Osten zwei größere, mehrräumige Trakte (22, 21, 20–24, 25, 26) an, wobei der zweigeteilte Raum 20 ein Treppenhaus gewesen sein dürfte.

Ähnliche Gründe wie in Mykene sprechen dafür, dass das Große Megaron als Sitz des *wanax* von Tiryns anzusehen ist. Das nicht weit davon entfernte Kleine Megaron wird man dann, da es eine weniger zentrale Stellung einnimmt und nicht so aufwändig ausgestattet ist, als Sitz des *lawagetas* deuten.

Das Konzept zweier voneinander getrennter, aber dennoch miteinander verbundener Megara ist bislang nur in Tiryns bezeugt. Die hier behandelten, aus SH IIIB2 stammenden Anlagen hatten Vorgänger mit gleichem Grundriss aus SH IIIB1 und sogar aus SH IIIA (Abb. 15). Dabei möchte man sich, worauf die Treppenhäuser hinweisen, die beiden Tirynther Megara und andere Bauten des Palastbezirks als zweistöckig vorstellen, wobei die Megara die sie umgebenden Bauten jeweils deutlich, wenn auch nicht übermäßig, überragt haben dürften. Die für Mykene erschlossene, auf die Höhe bezogene Differenzierung von Megaron (14) und Thronraum (31) darf auch für die Megara von Tiryns angenommen werden. Zum Inneren der beiden Megara und zum über dem Herd gelegenen Bereich des mutmaßlichen Flachdachs (S. 108 f.).

Der Ausbau der Befestigungen der Burg von Tiryns während SH IIIB2 ist im Übrigen nach Meinung des derzeitigen Ausgräbers Joseph Maran in zwei Phasen vor sich gegangen, wobei in die spätere auch die Erbauung des Dammes und die Verlegung eines die Untersiedlung durchziehenden Flussbetts fällt. Auch in der Unterburg wurde während SH IIIB2 viel gebaut; die Bauten dienten administrativen und handwerklichen Zwecken sowie der Aufbewahrung von Vorräten. Hingegen scheint die Mittelburg unbebaut geblieben zu sein.

Möglicherweise gehört auch ein 1 Kilometer nördlich der Burg gelegenes Kuppelgrab der Palastzeit an.

In der frühen Palastzeit gab es in der *Untersiedlung* an verschiedenen Stellen eine rege Bautätigkeit. Ob das gesamte Gebiet dicht mit Häusern besetzt war, also damals eine regelrechte Unter*stadt* existierte, ist allerdings nicht klar. Während SH IIIB2 scheint sich die Zahl der Bauten vermindert zu haben. Allerdings dürfte die Anlage des Nordtors östlich der Nordspitze der Unterburg, die nach Maran in SH IIIB2 stattfand, darauf hindeuten, dass sich das Nordviertel der Untersiedlung weiter entwickelte. Hinweise darauf, dass die Untersiedlung umwehrt war, gibt es nicht. Es sei noch darauf hingewiesen, dass Tiryns eine Hafensiedlung war, was es über die Burg hinaus zu einem wichtigen Ort der argivischen Ebene machte.

Tiryns wurde um 1200 durch eine starke Brandkatastrophe zerstört.

Wie die Befestigungsmauer der Burg von Mykene diente auch die von Tiryns einer sehr wirkungsvollen, eher sogar noch effizienteren Verteidigung. Das äußert sich nicht nur in der trotz der tieferen Lage der Burg schwierigen Erreichbarkeit der Mauer an allen Seiten, ihrer gewaltigen Dicke und beträchtlichen Höhe, dann den vielfach riesigen Blöcken, sondern auch in anderen Charakteristika: Angreifer, die auf der Rampe (52) zum Haupttor (51) wollten, waren dort zusammengedrängt und gezwungen, den Verteidigern ihre rechte, ungedeckte Seite zuzuwenden. Außerdem konnten sie aus besonderer Höhe attackiert werden. Hätten sie irgendwann dennoch das Tor überwunden, so wären sie sowohl auf dem Weg in die Unter- als auch in die Oberburg auf zwei Seiten unter Beschuss geraten. Der Versuch, in die Oberburg einzudringen, wurde durch das große Tor 53 erschwert. Die über den beiden Galerien und Kammertrakten im Osten und Süden angelegten Aufbauten (57–58, 59) haben wohl ebenfalls der Verteidigung gedient. Der außerordentlich große Turm an der Südwestecke dürfte zur Bekämpfung der von Süden und Westen anstürmenden Gegner gedacht gewesen sein (43, 44); warum dieser Turm zwei Kammern hat, ist aber nur schwer zu klären. Stark gesichert waren auch der direkt nordöstlich daran anschließende Teil der Befestigung und der Bereich der Westtreppe (47), denn falls die Angreifer hier, nach

Passieren der schmalen Pforte, versucht hätten, die Treppe zu ersteigen, wären sie von oben von zwei Seiten beschossen worden, hätten unmittelbar vor dem Turm 48 eine Fallgrube vor sich gehabt und wären auch von den auf dem Turm dahinter postierten Verteidigern angegriffen worden; zusätzlich hätte man von ihm aus Angreifer, die auf die nördlich folgenden Mauerabschnitte und auf die Westmauer der Mittelburg gelangt wären, einem regelrechten Wurfgeschosshagel aussetzen können. Überdies war sicherlich für die ausreichende Lagerung von Waffen und Vorräten, und nachweislich für die Wasserzufuhr (im Nordwesten der Unterburg), gesorgt.

Der Zurschaustellung von Macht und Stärke dienten auch in Tiryns die nicht unbeträchtliche Größe und, wie in Mykene, die Bauten des Palastbezirks samt ihrer Ausstattung. Aber die Struktur der Burg von Tiryns war noch komplizierter und das System noch ausgeklügelter als in Mykene, denn ein Besucher, der zum *wanax* ging, gelangte auf viel kompliziertere Weise zu diesem, er musste viel mehr Torbauten und Höfe durchschreiten und auf seinem Weg viel häufiger nach rechts bzw. links umbiegen, schließlich, wie in Mykene, beim Großen Megaron durch die Vorhalle (5) und den Vorraum (6) gehen, um in den Hauptraum (7) zu gelangen. In Tiryns erfuhr der Besucher den *wanax* als noch ab- und herausgehobenere Person als in Mykene.

Das Große Megaron präsentierte sich als «feierlich», wirkungsvoll und großräumig, und zwar infolge des verhältnismäßig großen Torbaus (3), des großen Hofes mit Säulenhallen und Altar (4), des dreifach gegliederten, großen Megarons mit den beiden Säulen vorn in der Vorhalle, dem von vier Säulen umstandenen Herd im Hauptraum, dem aufwändig umgrenzten Thron und dem prachtvollen Fußboden, dann mit den vielen Konglomeratsteinen. Dagegen erscheint das Kleine Megaron (17, 18) «prosaischer», weniger eindrucksvoll und kleinräumiger aufgrund des einfachen Korridors (36) und der bescheideneren Säulenhalle (31), des kleineren Hofes (16), der zudem ohne Altar war, des weniger durchgegliederten Hauptraums ohne Säulen in Vorhalle und im Hauptraum, mit viereckigem Herd, dem weniger aufwändig umrandeten Thron und dem schlichteren Fußboden, zudem ohne Konglomeratsteine.

Die beschriebenen Charakteristika des Großen und Kleinen Megarons, ihre Parallelen und Unterschiede, bringen die Nähe zu- und die Distanz voneinander, die das Verhältnis von *wanax* und *lawagetas* bestimmten, zum Ausdruck; sie sind aber in Tiryns in noch umfassenderer und noch durchdachterer Weise als in Mykene ausgeprägt.

Darüber hinaus wurde in Tiryns der Abstand zwischen dem ersten und dem zweiten Mann der mykenischen Gesellschaft, die untergeordnete Stellung des Letzteren, noch in besonderer Weise betont: Ging der *lawagetas* zum *wanax*, so dürfte er wohl den kürzeren Weg genommen haben, allerdings war auch dieser kein direkter und einfacher, sondern es ging durch die Korridore 19 und 15, die Durchgangsräume 14a und 14, den Korridor 12, den Durchgangsraum 9 und schließlich durch die Tür in der Westwand des Vorraums (6), um nun erst in den Hauptraum (7) und zum thronenden *wanax* zu gelangen. Dabei musste der *lawagetas* immer wieder nach rechts bzw. links umbiegen sowie stets erneut an Ecken vorbeigehen (man könnte sich sogar überlegen, ob nicht der *lawagetas* immer wieder, sozusagen in zeremonieller Weise, betont im rechten Winkel umbiegen bzw. an den Ecken so vorbeigehen *musste*). In jedem Fall scheint in Tiryns die Ab- und Herausgehobenheit des *wanax* selbst im Hinblick auf den *lawagetas* noch größer gewesen zu sein als in Mykene.

Ungefähr 6 Kilometer nordöstlich von Tiryns liegt – etwa 270 Meter über dem Meeresspiegel – die Burg von *Midea*. Sie wurde im Laufe von SH IIIB erbaut. An drei Seiten wird das Areal von 24 000 m^2 von einer 450 Meter langen Befestigungsmauer umschlossen, die Südostseite ist unbefestigt, weil der steile Fels dort eine Mauer überflüssig machte. Die Dicke der in kyklopischer Bauart errichteten Mauer, die sonst nicht belegte abgerundete Ecken und zwei durch einen Weg verbundene Tore sowie eine Ausfallpforte aufweist, liegt zwischen 5 und 7 Metern, stellenweise ist sie noch 7 Meter hoch erhalten. Die Gesamtanlage gliedert sich in eine obere und eine untere Burg.

Über die Gestalt des Palastbezirks kann wegen der starken Erosion des dafür infrage kommenden Bereichs der oberen Burg nichts gesagt werden. Midea war eine wichtige Burg, wie auch einige Siegelfunde zeigen. Es gibt Spuren einer ausgedehnten Untersiedlung. Die Burg ging um 1200 in einer Brandkatastrophe unter.

2. Lakonien und Messenien

Eine Burg und/oder ein Palastbezirk aus SH IIIA2/B ist aus *Lakonien* nicht bekannt. An der Stelle des frühen *Menelaions* findet sich ein vielräumiger Bau mit einem Korridor in der Mitte, das sog. Herrenhaus 3, aus SH IIIA1/B2. Etwas südwestlich dieses Fundorts, auf dem Hügel mit der Kapelle Ajia Kyriaki, unter der und um die herum die Reste des berühmten Heiligtums von *Amyklai* für die Götter Hyakinthos und Apollon aus historischer Zeit liegen, geben kleine tönerne Weihefiguren nur Hinweise auf ein mykenisches Heiligtum aus SH IIIB2/C. Auf dem Südwestabhang und auf dem Hügelzug nach Westen sind zahlreiche Tonscherben aufgetaucht, was auf eine dortige Siedlung mykenischer Zeit hindeutet.

Die Residenz von *Pylos* in *Messenien* liegt auf einem flachen, steil abfallenden Plateau, Epano oder Ano Englianos genannt, etwa 150 Meter über dem Meeresspiegel und 17 Kilometer nordöstlich der heutigen Stadt Pylos an der Westküste der Peloponnes. Das Plateau hat eine Ausdehnung von ungefähr 170 x 90 Metern und ist von Nordosten, ungefähr 70 Meter von den Ruinen entfernt, einigermaßen zugänglich.

Die Residenz (die nachfolgend angegebenen Nummern beziehen sich auf Abb. 18) besteht aus drei Teilen: dem Nordost-, Mittel- bzw. Haupt- und dem Südwesttrakt. Kernbereich des Haupttrakts sind der Torbau (1. 2) mit einer Süd- und einer Nordhalle, jeweils mit einer Säule in der Mitte und in Raum 1 einem Standplatz direkt links der Tür, ein kleiner Hof (3) mit einer ebenfalls kleinen, aber zweisäuligen Halle (44) im Osten und dem Megaron, das aus Vorhalle (4), Vorraum (5) und Hauptraum (6) besteht und seitlich von zwei langen Korrido-

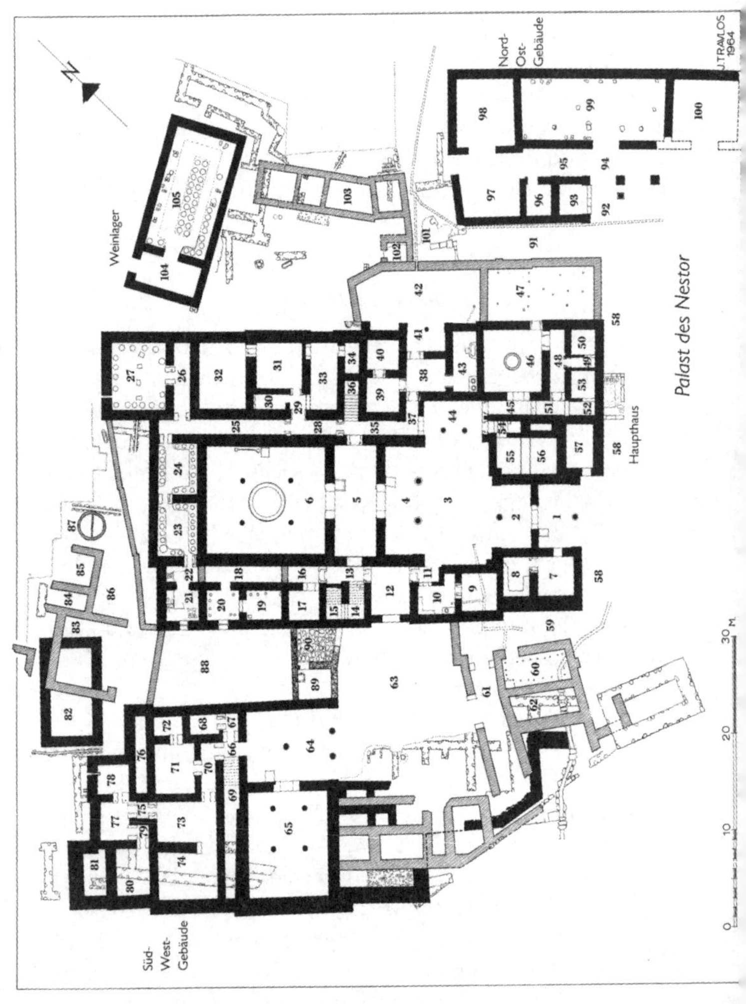

18 – Plan des Palastbezirks von Pylos

1/2 Torbau – 3 Hof – 4–6 Megaron: 4 Vorhalle – 5 Vorraum – 6 Hauptraum 7/8 Archive – 13 Korridor – 14/15 Treppenhaus – 16 Korridor – 18 Korridor 22 Korridor – 23/24 Lager für Ölgefäße – 25 Korridor – 27 Lager für Ölgefäße – 28 Korridor – 32 Lager für Ölgefäße – 35 Korridor – 36 Treppenhaus – 43 Bad – 44 Halle – 45 Korridor – 55–57 Turmartiger Bau – 63 Hof – 64 Vorhalle – 65 Älterer Thronraum – 69 Treppenhaus – 78 Bad? – 82 Weinlager – 92–100 Nord-Ost-Gebäude – 93 Kultraum – 105 Weinlager.

ren, wobei der linke in einer späteren Bauphase in kleine Räume unterteilt wurde, flankiert wird. Kernbereich des Südwesttrakts sind der große Hof (63), der Vorraum (64) und der sog. Ältere Thronraum (65) – so genannt, weil er schon während SH IIIA2 erbaut wurde.

An die Rückwand des Hauptraums des Megarons von Pylos stoßen zwei Lagerräume (23, 24) mit Gefäßen für Öl, was singulär ist. Das Megaron (25 × 12 Meter) ist ohne diese Räume etwa so groß wie die Megara von Mykene und Tiryns und liegt, wie in Tiryns, nicht in der Achse des Torbaus. Die Vorhalle (4) hatte vorn zwei Säulen, der Fußboden war aus bemaltem Stuck. Direkt rechts der Tür zum Vorraum (5) befindet sich ein weiterer Standplatz. Auch der Vorraum besaß einen bemalten Stuckfußboden und Wandmalereien sowie direkt rechts von der mit einer steinernen Schwelle versehenen Tür zum Hauptraum ebenfalls einen Standplatz. Man nimmt an, dass auf diesen Standplätzen Wachposten standen. Eine weitere Tür in der linken Seitenwand führt in einen Korridor (13, 16, 18, 22) und ein Treppenhaus (14, 15), eine dritte Tür in der rechten Seitenwand in einen weiteren Korridor (25, 28, 35). In der Mitte des Hauptraums steht der große, runde Herd (Durchmesser etwa 3,50 Meter), der von vier im Rechteck um ihn angeordneten Säulen umgeben war. Er hatte einen Fußboden aus Stuck, meist in quadratische Felder eingeteilt, die mit einfachen Mustern bemalt waren. Etwa in der Achse des Herdes und vor der rechten Längswand weist eine rechteckige Aussparung im Fußboden wohl auf den Standort des Thrones hin. Zu seiner Linken findet sich im Fußboden eine schmale, im Querschnitt V-förmige Rinne mit einer größeren, runden Eintiefung an jedem Ende, die nordwestliche ein wenig tiefer als diejenige am Thron. Es ist nicht ganz klar, was es damit auf sich hatte; die Ausgräber schlagen folgende Erklärung vor: Der Thronende hätte hier, ohne seinen Platz verlassen zu müssen, aus einem Gefäß eine als Opfer an die Götter gedachte Flüssigkeit in die ihm benachbarte runde Öffnung gegossen, wobei diese durch die Rinne in die andere Öffnung gelaufen wäre. Alle vier Wände trugen Malereien. Links des Thrones waren, sich diesem zuwendend, ein Löwe und ein Greif wiedergegeben, die vermutlich zum Ausdruck bringen sollten, dass die Residenz von übermenschlichen Kräften beschützt sei, direkt rechts des Thrones wird eine entsprechende Darstellung vermutet, dann folgt eine Gelageszene, zu der die auf einem Felsen sitzende, langgewandete Figur eines Lyra-Spielers gehört.

Das zur Zweistöckigkeit des Megarons und anderer Bauten von Mykene Gesagte gilt auch für Pylos. Darauf weisen besonders die Treppenhäuser (14–15, 36) auf beiden Seiten des Megarons und ein Treppenhaus (69) im Südwesttrakt hin, ferner auf dem Boden der Lagerräume gefundene Gegenstände, die nicht zur Funktion dieser Räume passen. Im linken Treppenhaus (14) stieg man die steinerne Treppe hinauf, kam wohl auf eine kleine Plattform, von da aus auf zwei Stufen (zwischen 14 und 15), bog nach rechts um und erstieg erneut eine steinerne Treppe, die zu einem Korridor (über Raum 13) im zweiten Geschoss führte. Dort lag der obere Fußboden etwas mehr als 3 Meter über dem unteren. Die Höhe von Raum 13 und des Korridors darüber hätte dann insgesamt mindestens 6,20 Meter erreicht. Im rechten Treppenhaus (36) führte ebenfalls eine steinerne Treppe in das obere Stockwerk, hier aber in Richtung Nordosten. Im Treppenhaus im Südwesttrakt (69) ist nur ein geringfügiger Rest der Treppe, die nach Südwesten ging, erhalten.

Aufgrund des Herdes in der Mitte des Fußbodens und der Zweistöckigkeit des Megarons lässt sich das Innere des Baus und der über dem Herd gelegene Bereich des mutmaßlichen Flachdachs (S. 86) wie folgt rekonstruieren (Abb. 19): In einiger Höhe über dem Fußboden befand sich ein weiterer Boden (aus Holzbalken), der über dem Herd eine viereckige, von Säulen umstandene und von einer Brüstung eingefasste Öffnung hatte. Die Säulen stützten das Dach und die in seiner Mitte angebrachte Laterne, die einerseits dazu diente, Licht in den mittleren Teil des zweistöckigen Megarons fallen zu lassen.

Aber die Laterne hatte noch eine andere Funktion: In das Dach waren vermutlich noch zwei nebeneinanderstehende Kaminröhren eingelassen. Der vom Herdfeuer hervorgerufene

19 – Rekonstruktionszeichnung des Kernbereichs des Palastbezirks von Pylos mit Blick auf den Hof und in das Megaron.

Rauch hätte also durch die von der Brüstung umgebene Öffnung in die Laterne und dann durch die Kaminröhren abziehen können (s. Abb. 19). Dafür sprechen die auf dem Herd gefundenen Fragmente von zwei großen zylindrischen Röhren aus gebranntem Ton, deren Innenseiten von Ruß geschwärzt waren. Einen Parallelbefund liefert Raum 46, ebenfalls mit einem Herd in der Mitte, auf dem ähnliche Fragmente gefunden wurden.

Wie in Mykene und Tiryns dürfte das Megaron die anderen Bauten der Residenz deutlich überragt haben (S. 85), was die Rekonstruktionszeichnung wohl nicht angemessen wiedergibt.

Der schon erwähnte Raum 46, die sog. Halle der Königin, nicht nur mit einem Herd in der Mitte, sondern auch mit Greifen und Löwen darstellenden Wandmalereien ausgestattet, war von Hof 3 aus über Halle 44 und Korridor 45 zugänglich.

Ebenfalls durch Hof und Halle und dann die Räume 37 und 38 betretbar ist ein Bad (43) mit einer bemalten, in einen stuckierten Unterbau eingelassenen Badewanne aus Ton, in der man nur sitzend baden konnte. Zwei große Gefäße (Höhe

1,20 Meter), wohl für das Badewasser, sind in der Ecke in ein Tonpodium eingelassen. In den Gefäßen wurden Trinkgefäße gefunden, mit denen man vermutlich das Badewasser schöpfte und in die Wanne goss. Auch der im Südwesttrakt befindliche Raum 78 war vielleicht ein Bad.

Ein weiterer repräsentativer Baukomplex, wenn auch nicht dem Kernbereich des Mitteltrakts gleichkommend, ist der Südwesttrakt: Sein Zentrum sind ein großer Hof (63), eine relativ große Halle (64) mit zwei Säulen vorn und einer weiteren in der Mitte des Raumes, einem Stuckfußboden und Wandmalereien, darunter die Darstellung kämpfender Krieger, schließlich der noch größere Ältere Thronsaal (65) mit einem Standplatz direkt rechts der Tür zu ihm, einem Stuckfußboden und vier in einem Rechteck angeordneten Säulen. Eine besonders markierte Stelle für den Thron fehlt, wobei der Thron aus vergänglichem Material, etwa Holz, gewesen sein könnte. Die vier Säulen haben vielleicht einen Herd umstanden, allerdings lässt der weitgehend verschwundene Fußboden diesbezüglich keine sichere Aussage zu.

Eine Zuweisung dieses Raumkomplexes an den *lawagetas* liegt aufgrund des Verhältnisses zum Megaron und den es umgebenden Bauten und wegen der für Tiryns und Mykene herausgearbeiteten Interpretationen nahe. Auch der Standplatz in Halle 64 musste den Älteren Thronsaal herausheben, man denke an die Standplätze im Bereich des Megarons. Für die Vermutung, dass der Ältere Thronsaal einen Herd hatte, lässt sich der Befund im Kleinen Megaron von Tiryns anführen.

Im Unterschied zu den Burgen von Tiryns und Mykene zeigt die Residenz von Pylos anschaulich, welche Funktionen viele der das Megaron umgebenden Räumlichkeiten hatten und was alles für das Leben in einer mykenischen Residenz von Bedeutung war: Zwei Räume neben dem Torbau (7, 8) enthielten ca. 1000 Linear-B-Tafeln, bildeten also das Archiv der Residenz. Andere Räume (23, 24, 27, 32) dienten als Lager für Ölgefäße, wobei die darin gefundenen, wenigen Linear-B-Tafeln darüber informieren, dass es sich um parfümierte Ölsorten handelte, sei es für den eigenen Gebrauch, sei es für den Handel. In den Räumen 105 im Norden und 82 im Südwesttrakt wurde Wein aufbewahrt, in den Räumen 19. 20. 21. 22 Trinkgefäße, was auf die Abhaltung von Gelagen besonders im Megaron hinweist. In Raum 18 wurden große Vorratsgefäße (Pithoi), kleine Weihegefäße und ein Opfertisch gefunden. Im sog. Nordostgebäude (92–100) befand sich nachweislich eine Werkstatt, in der Gegenstände aus Leder, Elfenbein und Bronze hergestellt wurden, und Raum 93 – ebenfalls im Nordostgebäude – war ein Kultraum.

Während SH IIIB2 (s. aber unten) wurden weitere Lagerräume und Werkstätten errichtet, auch wurden die äußeren Zugänge zum südlichen Teil des Mitteltrakts durch zwei davorgebaute, von Mauern eingefasste Höfe zugestellt (auf dem Plan hell schraffiert wiedergegeben).

Es sei noch darauf hingewiesen, dass die Säulen mit Stuck überzogen und kanneliert waren, denn in den Ringen aus Stuck, die die Säulenschäfte unten umgeben bzw. an den Anstoßflächen der Stuckfußböden an die Schäfte wurden Rillenabdrücke festgestellt. Anders als in Mykene und Tiryns wurde in Pylos kein Konglomerat verwendet.

Der Zugang zum *wanax* war in Pylos offenbar leichter als in Mykene und erst recht als in Tiryns, aber auch in Pylos hatte ein Besucher einen nicht ganz kurzen Weg zum Haupttrakt der Residenz zurückzulegen, dann Torbau (1, 2), Hof (3), Vorhalle (4) und Vorraum (5) zu durchschreiten, bis er endlich zum Hauptraum (6) des Megarons kam und den thronenden Herrscher sah. Falls er zuvor vor dem *lawagetas* hätte erscheinen müssen, wäre der Weg allerdings noch etwas umständlicher gewesen und der Besucher hätte mehrfach nach rechts oder links umbiegen müssen.

Auch der *lawagetas* hatte es in Pylos leichter als in Tiryns, obschon er auch in Pylos nicht direkt zum *wanax* gelangte, denn er musste den Weg durch die Eingangshalle (64), den Hof (63), Raum 12, die Tür im Vorraum (5) und dann die zum Hauptraum (6) nehmen, dabei auch mehrfach nach rechts bzw. links umbiegen. Am leichtesten war für den *lawagetas* der Zugang zum *wanax* in Mykene.

Von der Residenz aus hat man einen guten Blick in alle Richtungen, außer nach Nordosten, denn hier liegt ein hoher Bergzug. Wenn der *wanax* auf dem Dach des Megarons bzw. auf dem als turmartig gedeuteten dreiteiligen Bau (55–57) neben dem Torbau gestanden hätte, so hätte er wichtige Teile seines Herrschaftsgebiets in den Blick nehmen können.

Die Residenz von Pylos war nicht ummauert. Allerdings könnte die *Untersiedlung* befestigt gewesen sein, denn bei geophysikalischen Untersuchungen wurde dort vor nicht allzu langer Zeit der Rest einer 6 Meter dicken Mauer entdeckt, die man als Wehrmauer deutet.

Die seit dem späten SH IIIA2 erbaute Residenz wurde durch eine heftige Brandkatastrophe zerstört. Im Allgemeinen wird diese um 1200 datiert, neuerdings gibt es aber eine abweichende Position, nach der sich der Brand bereits um 1250 ereignete.

Da Pylos während SH IIIA2/B zweifellos das Herrschaftszentrum der südwestlichen Peloponnes war, kann das einst bedeutende *Iklaina* (S. 64) nur ein abhängiger Ort gewesen sein. Weitere Fundorte auf der Peloponnes, die Burgen und/oder Palastbezirke aufweisen, sind nicht bekannt.

3. Attika und Böotien

In *Athen* umschloss eine 700 Meter lange, zwischen 4 und 6 Meter dicke Befestigungsmauer kyklopischer Bauart, von der wegen der starken Bautätigkeit in historischer Zeit nur wenig übrig geblieben ist, den fast 160 Meter hohen, mit steilen Abhängen versehenen Felsen der Akropolis, der oben ein Areal von ca. 25 000 m² umfasst. Das Haupttor im Westen bestand aus einem von zwei starken Mauern flankierten, längeren, schmalen, von Süden kommenden Weg, der zu einem noch engeren Tor führte, und westlich des Wegbeginns aus einem ziemlich langen, mächtigen Mauerklotz. Er sicherte einen dahinterliegenden, sehr schmalen, westöstlich ausgerichteten Zugang zum eben genannten Weg und führte dann zu einer tieferen, in einer Felsgrotte entspringenden Quelle. Eine weitere, von oben zugängliche Quelle lag unterhalb der Nordmauer. Vor der

Nordmauer glaubt man die nur schwachen Spuren eines Palastbezirks ausmachen zu können; seine einstige Gestalt ist jedoch nicht mehr rekonstruierbar. Der Bereich vor dem westlichen Fuß des Felsens war ebenfalls von einer Wehranlage umgürtet. Es bedarf kaum der Erwähnung, dass es auch Hinweise auf eine größere Untersiedlung gibt.

Die Befundsituation in *Theben* ist unbefriedigend (s. S. 55. 70). Die schon genannte, etwa 45 bis 63 Meter über der Ebene gelegene Kadmeia, von der 1981 ein Rest der Befestigungsmauer kyklopischer Bauart entdeckt wurde, scheint ein großes Areal von etwa 700 × 400 Metern umfasst zu haben, das von Kammergrabfriedhöfen umgeben war (Kuppelgräber sind in Theben nicht bezeugt), wobei das Siedlungsareal nach einer Berechnung ungefähr 190 000 m² betragen hat. Der Kernteil eines Palastbezirks konnte bisher nicht identifiziert werden. Doch weisen das große Areal der Burg, Gebäude, die als zu einem Palastbezirk gehörend anzusehen sind, und 420 Linear-B-Texte auf eine überaus wichtige, um 1200 durch eine Brandkatastrophe zerstörte Residenz mit Untersiedlung hin.

Auch in *Orchomenos* ist die Befundsituation unbefriedigend. Auf dem großen, hohen, länglichen Akropolishügel sind keine mykenischen Reste erhalten; dennoch dürften hier Burg und Palastbezirk gelegen haben. Am Fuß des Ostabhangs hat man ein immerhin 30 Meter langes Megaron mit Wandmalereien freigelegt, das um 1200 zerstört wurde. Es wurde als Teil des Palastbezirks interpretiert, wogegen aber seine Lage unterhalb der Akropolis spricht. Etwas östlich davon liegt das berühmte «Schatzhaus des Minyas», ein Kuppelgrab, das dem gleichzeitigen «Schatzhaus des Atreus» nicht nachsteht. Der Ort war also wohl eine mykenische Residenz.

Etwas östlich von Orchomenos auf einem niedrigen, inselartigen Hügel in der Kopais-Ebene liegt *Gla*, die größte, sich zugleich durch einen stadtähnlichen Charakter auszeichnende Burg der Palastzeit. Die älteren Untersuchungen wurden durch vor einigen Jahren durchgeführte geophysikalische Surveys ergänzt. Gla hat eine 6 Meter dicke, turmlose Befestigungsmauer von etwa 3 Kilometer Länge und sechs Tore: drei Haupttore, wobei es sich beim Südosttor um ein Doppeltor handelt, und ein einfaches, schmales Tor im Westen, dann zwei Ausfallpforten im Süden. Die Mauer umschließt ein Areal von 200 000 m^2. Sie passt sich dem Verlauf der Hügelkante an, ist aus großen, manchmal riesigen Steinen errichtet, aber nicht von eigentlich kyklopischer Bauart. Die Haupttore, die viel breiter sind als das Löwentor von Mykene, werden an der Innenseite der Mauer von viereckigen Kammern flankiert. Durch ihre Technik, aber auch durch die Form der Tore unterscheidet sich die Mauer von Gla deutlich von denen von Mykene, Tiryns und Midea.

Aber auch die Innenbebauung ist singulär. In einem trapezähnlichen Bereich etwa in der Mitte der Burg finden sich im südlichen Teil zwei lange, nordsüdlich ausgerichtete, ein rechteckiges Areal umschließende Gebäude mit magazinähnlichen Räumlichkeiten, denen im Süden jeweils ein quer zu ihnen liegender Raumkomplex vorgelagert ist. Nördlich davon, auf dem höchsten Punkt des Hügels, liegt eine aus zwei Teilen bestehende Folge von Räumen, die im rechten Winkel zueinander angelegt sind und jeweils innen von einem langen Korridor aus erschlossen werden. Der Nordtrakt endet in einem aus Vorhalle und Hauptraum bestehenden Megaron, dem nach Westen noch ein Raum folgt (der Vorraum?). Hier liegt auch der nordwestliche Zugang zum Gebäude vom Hof her. Die Vorhalle ist vom Korridor und vom westlichen Raum aus durch schmale Türen zugänglich, die Wand zwischen Vorhalle und Hauptraum weist hingegen drei schmale Türen nebeneinander auf. Auch der Osttrakt schließt mit einem sich aus Vorhalle und Hauptraum zusammensetzenden Megaron ab. Es ist jedoch kleiner, die Vorhalle ist durch eine sehr schmale Tür in der Westwand zugänglich, der Hauptraum durch eine einzige schmale Tür in der kurzen Südwand. Eine weitere schmale Tür hat der Hauptraum in der Nordwand. Der Korridor des Osttrakts öffnet sich nach Süden hin mit einer schmalen Tür zum Hof. Außerhalb des beschriebenen Bereiches wurden bei den erwähnten Surveys an vielen Stellen u. a. magazinähnliche Bauten, runde Strukturen (Speicher ?), Wohnquartiere, dann eine Zisterne, d. h. eine stadtähnliche Bebauung festgestellt, wodurch sich die traditionelle

Deutung, Gla sei eine Fluchtburg gewesen, als grundlos erwiesen hat.

Mit den zwar jeweils individuell ausgestalteten, aber stets auf einen zentralen Baukomplex – bestehend aus Torbau, großem Hof und Megaron – orientierten Palastbezirken von Mykene, Tiryns und Pylos verbindet die Anlage im nördlichen Teil von Gla nur wenig, außerdem weichen seine Megara in Größe und Entwurf deutlich von denen der anderen Paläste ab. Ob man in Gla mit einem *wanax* und einem *lawagetas* rechnen kann, ist unklar, eher lassen sich die beiden Megara dem Burgkommandanten und seinem Vertreter zuweisen.

Gla, das möglicherweise zum Herrschaftsbereich des nahegelegenen Orchomenos gehörte, wurde um 1300 wohl in Zusammenhang mit der Trockenlegung der Kopais-Ebene erbaut. Dafür wurde in der überfluteten Ebene ein umfangreiches System von Dämmen und Kanälen angelegt, eine herausragende Ingenieurleistung. Während SH IIIB2 hat man das System zerstört, sodass die Ebene wieder von Wasser bedeckt wurde. Vermutlich hat die Burg von Gla auch dazu gedient, diese Anlagen zu schützen und instand zu halten. Noch vor dem Ende von SH IIIB2, um 1230, wurde die Burg zerstört und verlassen und danach nicht wieder besiedelt.

4. Thessalien

In dem unweit des heutigen Volos, des antiken Iolkos, etwas landeinwärts gelegenen Ort *Dimini* wurden seit 1977 auf dem Südostabhang des Hügels mit der berühmten steinkupferzeitlichen Burg ein unbefestigter Palastbezirks aus SH IIIB2 und eine wohl ebenfalls nicht ummauerte Untersiedlung freigelegt. Der Palastbezirk besteht aus zwei großen ostwestlich orientierten Bereichen, die man nördlich und südlich einer langen, breiten gepflasterten Straße angelegt hatte.

Der südliche Bereich, Megaron A genannt, umfasst einen länglichen Kernkomplex mit zwei um einen langen Korridor gelegten Trakten: ein sehr großes dreiräumiges Megaron mit Vorhalle, Hauptraum (mit Altar) und rückwärtigem Raum, alle ohne

Säulen, und eine Reihe von zehn kleinen, hintereinander gereihten Räumen, die Werkstätten und Lagerräume waren und parallel zum Megaron lagen. Die Vorhalle des Megarons öffnet sich in Richtung Straße und hat eine seitliche Tür zum Korridor hin. Vor Megaron und Korridor liegt ein von drei Säulenhallen (insgesamt sieben Säulen) umstandener, an drei Seiten von Wänden umschlossener etwa quadratischer Hof, der – wie das Megaron – nur durch einen seitlichen, zu der Reihe von zehn Räumen gehörenden kleinen Raum erreichbar ist. Den Kernkomplex umgibt hinten und seitlich ein langer, rechtwinklig umbiegender Korridor, an den sich außen verschiedene Räumlichkeiten, darunter ein langer, ebenfalls megaronartiger Bau, anschließen. Vor dem Kernkomplex liegt ein großer Hof, dann folgt – schräg zum Megaron angeordnet – ein außerordentlich großer, breiter Torbau mit zwei sehr breiten Hallen (jeweils eine Säule), deren äußere sich zur Straße hin öffnet, und Räumen seitlich beider Hallen.

Der nördliche Bereich, als Megaron B bezeichnet, parallel zum südlichen angelegt, hat ein sehr langgestrecktes, vierräumiges Megaron ohne Säulen mit Vorraum, in dem ein in zwei dreieckigen Flügelteilen auslaufender Altar aus Ton (mit Brandspuren) und vor ihm so etwas wie ein Opfertisch stehen. Vor dem Raum liegen die Vorhalle ohne Säulen, die sich in Richtung Straße öffnet, dahinter der Hauptraum und ein von dort betretbarer rückwärtiger Raum mit Türen in den Seitenwänden. Auf einer Seite schließt an diese beiden Räume ein Korridor mit seitlichen Vorratsräumen an, auf der anderen eine Reihe von Räumen, die mit einem großen, langgestreckten Raum enden.

In Bereich A wurden ein steinernes Gewicht (?), in Bereich B eine Tonscherbe, beide mit eingeritzten Linear-B-Zeichen versehen, entdeckt.

Der Kernkomplex von Bereich A, der noch am ehesten mit den Kernkomplexen der peloponnesischen Palastbezirke vergleichbar ist, zeichnet sich dennoch durch sehr viele Eigentümlichkeiten aus. Auch das Megaron von Bereich B ist in besonderer Weise ausgebildet. Singulär ist auch die Lage des Palastbezirks an einer Straße mit seitlich daran angebauten Häusern einer Untersiedlung, von der er nicht scharf getrennt, sondern in die er geradezu integriert ist.

Der Palastbezirk wurde gegen 1200 zerstört, dabei Bereich B durch Feuer.

Die beiden Megara, besonders das Megaron von Bereich A, und auch die Fundstücke mit Linear-B-Zeichen zeigen, dass Dimini zweifellos eine Residenz im südöstlichen Thessalien – auf das sich der mykenische Einfluss konzentrierte – war. Dazu passt auch der Umstand, dass in der Nähe des Ortes zwei Kuppelgräber aus SH IIIA2/B liegen. Versuchsweise könnte man den Kernkomplex von Bereich A als Sitz des *wanax*, das Megaron von Bereich B und seine Anbauten als den des *lawagetas* bezeichnen.

Weitere in Mittelgriechenland und auf der Insel Euböa liegende Fundorte, die Burgen und/oder Palastbezirke aufzuweisen hätten, sind nicht bekannt. Das gilt auch für Westgriechenland, die Inseln der Ägäis und die möglichen mykenischen Kolonien in Westkleinasien (zu den besonderen Verhältnissen auf Kreta s. S. 74 f.).

5. Einige wichtige Aspekte

Residenzen der zweiten Palastzeit können, müssen aber nicht befestigt sein. Sie sind durchaus sehr individuell ausgestaltet, gerade auch im Hinblick auf die dem *lawagetas* zugeschriebenen Räumlichkeiten, wobei der Hauptbau dem des *wanax* ziemlich ähnlich ist wie in Tiryns oder aber stärker abweicht wie in Mykene oder Pylos. Bestimmend ist die Konstante der hintereinander gereihten Räumlichkeiten Torbau, großer Hof und Hauptbau. Auch der Zugang zum Herrscher ist unterschiedlich geregelt. Ob sich in all dem äußert, dass dem *lawagetas* in den drei Residenzen auch unterschiedliche Kompetenzen zukamen, ist nur schwer zu sagen, dazu geben die Linear-B-Texte, selbst die vielen aus Pylos, nichts her. Das einheitliche Bild, das die Forschung von der mykenischen Sozialordnung zeichnet, beruht vielleicht auf ihren diesbezüglich dann doch zu unergiebigen Informationen.

Der auf den *wanax* bezogene Kernkomplex kann zwar unterschiedlich ausgebildet sein, wird jedoch durch die Konstante der hintereinandergereihten Räumlichkeiten Torbau, relativ großer Hof und Megaron samt auf einer oder auf beiden Seiten anstoßenden Räume bestimmt. Was die Megara der peloponnesischen Residenzen betrifft, so folgen sie demselben Grundmuster in Größe, Raumaufteilung und Ausstattung, wobei in Tiryns der Thron besonders groß ist. Einer Beurteilung dieser Phänomene entziehen sich leider die Residenzen von Midea, Athen, Theben und Orchomenos aus den oben dargelegten Gründen. Eine ausgesprochene Sonderstellung nimmt in vieler Hinsicht der Palastbezirk von Dimini ein. Ganz für sich steht aufgrund seines minoischen Hintergrunds der Palast des mykenischen *wanax* von Knossos (S. 61 f.).

Was die kyklopische Bauart bestimmter Befestigungsmauern angeht, so möchte mancher sie von hethitischen Vorbildern ableiten. Auf den ersten Blick mag das bestechen, denn ähnlich gewaltige Blöcke zeichnen auch die dortigen Mauern aus, auch Spitzbogengewölbe, die den mykenischen ähnlich sind. Macht man sich jedoch klar, dass die Tore ganz anders konstruiert, die Mauern oft aus hintereinandergelegten Haupt- und Vormauern bestehen, z.T. als «Kastenmauern» (die Außenseiten der Mauer sind durch Querstege verbunden, sodass Fächer entstehen, die mit Schutt oder kleinen Steinen gefüllt sind) gebaut sind, sie stets in kurzen Abständen mit Türmen oder Bastionen besetzt sind, vor den Mauern hohe, schräg abfallende Wallpflasterungen liegen können und vor den Spitzbogengewölben Treppen auf den Pflasterungen angebracht sind, dann wird man doch sehr skeptisch. Und selbst die typisch kleinasiatische Mauer der möglicherweise mykenischen Kolonie Milet, die eventuell weit ins Binnenland reichende Kontakte hatte, weist keine kyklopische Bauart auf. Hinzu kommt, dass es bisher keinen tragfähigen Hinweis darauf gibt, dass es zwischen den Zentralorten des mykenischen Festlands und dem hethitischen Reich irgendwelche Beziehungen gab (vgl. auch S. 119).

6. Die mykenische Staatenwelt

Gern wird in der Forschung vermutet, dass ein mykenisches Großreich mit dem Zentrum Mykene oder Theben existierte. Allerdings geht das aus den Linear-B-Texten nicht hervor, sie erwecken eher den Eindruck, dass die einzelnen Residenzen die Hauptorte autonomer Staaten waren. Auch die von mir geteilte Identifizierung des in ägyptischen Texten genannten *Tanaja* mit der Peloponnes und vielleicht noch Mittelgriechenland (S. 73 f.) gibt keine klaren Hinweise, denn damit kann einfach nur der geographische Zentralraum der mykenischen Kultur gemeint sein.

Auch wenn meine Mitautorin (S. 72 f.) der Deutung von *Aḫḫijawa* als «Land der Achäer» und seiner Identifizierung mit dem mykenischen Griechenland zumindest eine große Wahrscheinlichkeit zubilligt, geht sie dennoch davon aus, dass *Aḫḫijawa* ein regionaler und kein politischer Begriff im Sinne eines mykenischen Großreiches ist.

Meine Position ist folgende: M. E. haben der Hethitologe Gerd Steiner und der Indogermanist Ivo Hajnal recht, wenn sie in *Aḫḫijawa* einen nichtgriechisch-kleinasiatischen Namen sehen. Auch meine ich, dass Steiner überzeugend die bisher vorgetragenen Argumente für die Gleichsetzung von *Aḫḫijawa* mit einem von Mykene oder Theben beherrschten mykenischen Großreich, zu dem der südwestliche Teil von Kleinasien gehört hätte, entkräftet. *Aḫḫijawa* ist also aus meiner Sicht ein nichtgriechisch-kleinasiatischer Staat (im Übrigen kein Großreich) gewesen, in dem auch mykenische Griechen gesiedelt haben, z. B. in Milet (s. u.), und vielleicht gehörten zu ihm auch einige vor der kleinasiatischen Küste gelegene und von der mykenischen Kultur durch und durch geprägte Inseln wie etwa Rhodos.

Auch die beliebte Identifizierung des Ortsnamens Millawanda der hethitischen Texte mit Milet ist nicht gesichert; bezeichnenderweise sind die Namen der Potentaten von Millawanda, Atpa und Awayana, nichtgriechisch-kleinasiatisch. Und zu meinen, Milet sei um 1320/1310 von den Hethitern erobert und als Folge dieses Ereignisses sei die dortige Stadtmauer errichtet worden (S. 118), scheitert schon allein daran, dass die hethitische Textstelle, auf die sich dafür berufen wird, dort eine Lücke aufweist, wo einst der Name der eroberten Stadt erschien, wie die Hethitologin Susanne Heinhold-Krahmer aufgezeigt hat. Kontakte zwischen Hethitern und mykenischen Griechen, und zwar den in Kleinasien wohnenden, hat es nach verschiedenen archäologischen Funden sicherlich gegeben, was ja auch naheliegt. Die *Aḫḫijawa*-Problematik wird dadurch aber nicht gelöst.

So ist die These von der Existenz eines mykenischen Großreiches sehr zweifelhaft. Nicht ganz auszuschließen ist aber, dass ein mykenischer Staat zeitweilig eine gewisse Führungsrolle über einen Teil des griechischen Festlands innehatte.

Die Annahme der Existenz autonomer mykenischer Staaten könnte, muss aber natürlich nicht die Besonderheiten der einzelnen Residenzen erklären. Über das Territorium einiger von ihnen lassen sich allerdings Aussagen treffen.

Immer wieder wird das Verhältnis von Mykene zu Tiryns diskutiert, d. h. ob Erstere die Hauptresidenz der Argolis war oder nicht. Der derzeitige Ausgräber von Tiryns, Joseph Maran, schließt besonders aus dem Sachverhalt, dass man nicht nur in Mykene, sondern auch in Tiryns an markanten Stellen der Burg Blöcke aus Konglomerat verwendet hat und dass dieser Stein in der Nähe von Mykene gebrochen wurde, dass Tiryns Mykene untertan gewesen sei. Tiryns hätte dann als Nebenresidenz fungiert, seine Bedeutung hätte auch in seiner Rolle als Hafenort gelegen. Eine solche Interpretation ist deshalb von Vorteil, weil sich damit eine Trennung der ja kleinen argivischen Ebene in zwei Herrschaftsgebiete erübrigt und auch Midea zum Reich von Mykene gerechnet werden kann, eventuell als Sitz eines Statthalters des *wanax*. Andererseits kann man auch erwägen, ob der Hafen von Tiryns für Mykene so wichtig war, dass man vertraglich vereinbart hätte, Mykene Zugang zum Hafen, Tiryns Zugang zum Steinbruch zu gewähren. Dann könnte Tiryns auch selbständig gewesen sein. Das Gebiet von Mykene könnte sich im Übrigen noch nach Norden, in die Landschaft um Korinth, ausgedehnt haben.

Durch die große Zahl der Linear-B-Texte aus Pylos ist man über die Verhältnisse in diesem Reich bestens unterrichtet. Viele Orte sind bekannt, wenn auch ihre genaue Lokalisierung schwierig oder nicht möglich ist; auch der Zentralort *puro* = Pylos findet sich in den Texten. Das Territorium des Reiches entsprach in etwa dem späteren Messenien, war in zwei jeweils einem Statthalter unterstehende Provinzen und diese in neun bzw. sieben Distrikte, jeweils unter einem Distriktstatthalter, eingeteilt. An der Spitze von Staat und Gesellschaft stand der auch kultische Aufgaben wahrnehmende *wanax*, der ein *temenos*, ein großes, ihm gehörendes Landgut besaß, dann folgte der *lawagetas*, wohl der Heerführer, der ebenfalls über ein solches Gut verfügte, das aber nur ein Drittel von dem des *wanax* umfasste. Wohl nicht zur Oberschicht, ich sehe das wie viele Forscher anders als meine Mitautorin (S. 56. 67), gehörten die den Titel *qasireu* = *basileus* tragenden Personen, die eher lokale Würdenträger mit Aufsichtsbefugnissen, etwa Oberhäupter einer Schmiedevereinigung, waren. Eine weitere Gruppe bildeten die *telestai*, Eigentümer von Grund und Boden, die Ländereien pachteten und verpachteten. Der unterste Stand, mit allerdings nicht geringen Unterschieden, setzte sich aus den Unfreien, in historischer Zeit *douloi* genannt, zusammen; sie konnten Land pachten und waren als unfreie Handwerker, Arbeiter und Arbeiterinnen (Badewärter, Spinnerinnen, Flachs- und Mühlenarbeiterinnen) tätig. Offenbar unfreie Arbeiterinnen stammten aus dem westkleinasiatischen Küstenbereich, von der Insel Lemnos, aus Milet, Knidos und der Gegend um Halikarnass. Es gab auch freie Arbeiter und Handwerker, darunter spezialisierte wie Maurer, Zimmerleute, Schmiede, schließlich auch Schreiber. Die auch schon erwähnten hochrangigen *hequetai* (S. 67) kommandierten in Pylos u. a. die Truppen der Küstenwache. Und es existierten natürlich die Krieger, privilegierte, vom Staat ausgerüstete Streitwagenkämpfer, aber auch Fußsoldaten.

Wie weit der Einfluss des möglichen *wanax* von Athen reichte, muss unklar bleiben.

Durch die in Theben entdeckten Linear-B-Texte, auf denen auch der Name des Zentralortes erscheint, kann immerhin einiges zum Umfang des zugehörigen Territoriums gesagt werden: Das nordwestliche Böotien scheint nicht dazugehört zu haben, der Herrschaftsbereich von Theben umfasste das südliche und östliche Böotien, dazu die südliche Hälfte von Euböa, wie die Nennung der später so berühmten Orte Amarynthos an der mittleren West- und Karystos an der Südküste als Teile des thebanischen Reiches zeigen. Das weist auf ein doch sehr großes Gebiet hin.

Orchomenos wäre dann, worauf auch der eher spärliche archäologische Befund hindeutet, ein weiterer mykenischer Territorialstaat in Böotien gewesen, dem man auch das nahe gelegene Gla mit der Kopais-Ebene zusprechen möchte.

Wie es ansonsten politisch in Mittelgriechenland aussah, ist unklar. Das südöstliche Thessalien hatte jedenfalls einen bedeutenden mykenischen Palastbezirk samt Untersiedlung: Dimini. Wie groß dessen Herrschaftsbereich war, sei dahingestellt. Im genannten Raum konzentrierte sich der mykenische Einfluss seit dem 15. Jh., wohingegen das zentrale und westliche Thessalien stark von älteren, nichtmykenischen Traditionen bestimmt blieb (s. S. 117).

Zu Kreta siehe Seite 74 f. Über die politische Situation auf den Inseln der Ägäis kann nichts gesagt werden.

Nicht leicht sind nach dem oben Gesagten die Verhältnisse an der Südwestküste Kleinasiens zu beurteilen: Milet kann durchaus eine mykenische Kolonie gewesen sein, was aber nicht bedeuten muss, dass die gesamte Siedlung von sog. mykenischen Griechen bewohnt war, denn auch kleinasiatische Karer könnten hier in anderen Teilen des Ortes gelebt haben. Was die Nordwestküste Kleinasiens betrifft, so scheinen sich dort nirgends mykenische Griechen niedergelassen zu haben, obwohl mykenische Keramik an einzelnen Orten aufgetaucht ist wie in Troja. Allerdings ist die mykenische Keramik sowohl in Troja VI (1700–1300) als auch in Troja VIIa (1300–1200) nur schwach vertreten, selbst in Troja VI beträgt der Anteil der mykenischen Keramik, von importierter wie imitierter, nur 1 bis 2 % an der Gesamtkeramik.

7. Wirtschaft

Aufbauend auf den Linear-B-Texten lässt sich eine weitgehende Lenkung der wirtschaftlichen Aktivitäten durch den Palast feststellen: Er kontrollierte Ackerbau und Handwerk, trug Güter zusammen und häufte sie an, steuerte ihre Herstellung und Verteilung und überwachte das Abgabenwesen, und dies alles aufs Genauste. Selbst die Schafherden, z. T. Besitz des Palastes, wurden kontrolliert, ebenso die Öl- und Parfümproduktion, die Lieferung von Kupfer oder Bronze an die Werkstätten und ihre Weiterverarbeitung. Auch der Handel mit anderen Staaten lag wohl weitgehend in der Hand der Paläste. So wurden Kupferbarren aus Zypern und Zinnbarren eventuell aus Zentralasien importiert, beide als sog. Ochsenhautbarren und für die Herstellung von Bronze unerlässlich. Aus Ägypten und aus der Levante bezog man Fayence, Gold – u. a. aus dem Land Kusch/Sudan –, ferner Luxusartikel wie Elfenbeinschnitzereien oder Elfenbein als Rohmaterial, Objekte aus Metall und Edelstein, Skarabäen, Siegel und Schmuck, aber auch Alaun zum Färben von Textilien. Umgekehrt wurden von mykenischen Orten aus feines Geschirr, Öl, Parfüm und Wein exportiert. Das dafür notwendige Schiffswesen unterstand wohl ebenfalls dem Palast. Wie vielfältig die Ladung spätbronzezeitlicher Schiffe war, zeigen zwei aus dem östlichen Mittelmeerraum kommende untergegangene Schiffe, die man vor der türkischen Südküste bei Uluburun in der Nähe von Kaş und am Kap Gelidonya etwas weiter östlich gefunden hat, Ersteres aus dem späten 14. Jh., Letzteres aus der Zeit um 1200.

8. Der Zusammenbruch der Palastkultur

Heftig umstritten sind die Gründe für das Ende der Palastkultur. Ein wirklich konsensfähiges Erklärungsmodell für den Untergang fehlt m. E. Im vorliegenden Zusammenhang sollte aber betont werden, dass die mykenische Kultur nach 1200 weiterbestand; sie sank zwar zuerst auf ein geringeres Niveau, erreichte aber nach einigen Jahrzehnten, noch im 12. Jh., erneut einen Höhepunkt, wenn auch «ohne Paläste und ohne Schriftzeugnisse» (s. S. 129 f.), d. h. sie war keine Hochkultur mehr. Ich will die Problematik im Folgenden besonders befundnah charakterisieren.

Ein grundsätzliches methodisches Problem besteht darin, dass die Datierung der in den Zerstörungsschichten gefundenen Keramik nicht so genau ist, wie man es wünschen würde, sodass die Zerstörungen der einzelnen Paläste nicht gleichzeitig gewesen sein müssen, sondern in einen Zeitraum von mindestens zwei, vielleicht sogar drei Jahrzehnten fallen können. Auch sagt die Zerstörungsart – Brände (Mykene, Tiryns, Midea, Pylos, Theben, z. T. Dimini) – nichts über die Begleitumstände aus, und manchmal ist der tatsächliche Grund (Athen, Orchomenos, Gla) unbekannt. Außerdem könnte das Ende von Pylos auch schon um 1250 erfolgt sein (S. 112), und das von Gla wird etwas später, um 1230, angesetzt; die Umstände könnten für diese Fundorte also ganz anderer Art sein.

Häufig wird die sog. Dorisch-Nordwestgriechische Wanderung, d. h. das Eindringen von den dorischen bzw. nordwestgriechischen Dialekt sprechenden griechischen, möglicherweise aus dem westlichen Thessalien bzw. Epiros (Nordwestgriechenland) stammenden Gruppen in den mykenischen Kulturraum für die Zerstörungen um 1200 verantwortlich gemacht. Aber die – sich wohl eher als Einsickerungsprozess vollziehende – dorische Besiedlung der Peloponnes fand nach neueren Untersuchungen erst im 11./10. Jh. statt; die Ausbreitung der Nordwestgriechen ist zeitlich nicht fassbar. Auch der ebenfalls immer wieder bemühte sog. Seevölkersturm, eine Koalition ethnisch nicht leicht bestimmbarer Gruppen, die um 1200 den östlichen Mittelmeerraum durch Raubzüge und Eroberungen zu Wasser und zu Lande beunruhigten und die um 1220 und 1180 bei ihren Angriffen auf Ägypten von den Pharaonen Merenptah und Ramses III. besiegt wurden, kann jedenfalls nicht *sicher* mit den Zerstörungen in Griechenland verbunden werden. Eine ägyptische Quelle weist den Angreifern, zweifellos vereinfachend, auch den Untergang kleinasiatischer Staaten zu, so des westkleinasiatischen Arzawa, vor allem aber des Hethiterreiches, dann eroberten sie Zypern und die Stadt Ugarit, Zentrum des gleichnamigen kleinen, aber wirtschaftlich bedeutenden Reiches an der syrischen Mittelmeerküste. Das alles soll sich um 1190 zugetragen haben: Weder in dieser Quelle noch in anderen ägyptischen Texten, in denen von den Seevölkern die Rede ist, wird jedoch von *Tanaja* und den dort gelegenen Siedlungen (S. 73 f.) gesprochen, außerdem gibt es nicht den geringsten archäologischen Hinweis darauf, dass die Seevölker um 1200 Orte in Griechenland, etwa Tiryns, Mykene und Midea, eingenommen hätten. Hingegen gibt es für Ugarit nicht nur die Aussagen ugaritischer Texte, sondern auch sprechende archäologische Zeugnisse, denn die dortige Zerstörungsschicht zeigt deutlich, dass die Stadt erobert wurde: Über die ganze Stadt verstreut, in Häusern und auf Straßen, wurden zahlreiche Pfeilspitzen verschiedenster Form gefunden, und es gibt auch Anzeichen dafür, dass zumindest ein Teil der Bewohner fluchtartig die Stadt verließ. Dieser Überfall war wohl deshalb erfolgreich, weil die Hauptmacht des ugaritischen Heeres zugunsten der Hethiter im südlichen Kleinasien operierte. Einen ähnlichen archäologischen Befund würde man wenigstens für einige mykenische Siedlungen erwarten, sollten die Seevölker dort aktiv gewesen sein. Vergleichbare archäologische Zeugnisse wie in Ugarit gibt es auch zu anderen Zeiten an Orten, deren Einnahme durch Quellen bezeugt ist, so Lakisch/Israel 701 und 587, Alt-Smyrna um 600, Sardes/Westkleinasien 546, Alt-Paphos/Zypern 497, Milet 494, Olynth/Chalkidike 348, Maiden Castle/Dorset (England) 43 n. Chr.

Denkbar ist allerdings, dass Pylos durch einen Angriff von See aus erobert wurde. Dieser muss nicht von den Seevölkern ausgeführt worden sein, vermutlich gab es auch noch andere Piraten. Vorstellbar ist etwa folgendes Szenario: Nachdem die Eindringlinge die pylische Küstenwache und andere Truppen überwunden hatten, verließ die Bevölkerung und ihre Elite Pylos fluchtartig in Richtung des Landesinneren und überließ den Palast und die Siedlung den Angreifern. Da Reste von Waffen oder auch von gewaltsam Getöteten fehlen, kann man nicht von einer Eroberung/von einem Kampf um Pylos ausgehen.

Merkwürdig ist angesichts einer solchen Deutung der Ereignisse aber, dass man – obwohl sich die Angreifer weder in Pylos noch an anderen Orten Messeniens niedergelassen hatten – später nicht an den Zentralort zurückkehrte oder landeinwärts an sicherer Stelle einen neuen gründete. Auch wurde Messenien wenigstens bis etwa 1150 weitgehend verlassen, erst danach setzte eine – allerdings nur schwache – Wiederbesiedlung ein. Dagegen kann man natürlich ins Feld führen, dass die Geschehnisse von den Pyliern als derart einschneidend empfunden wurden, dass sie auswanderten, vielleicht in die mittlere oder nördliche Peloponnes, was allerdings archäologisch nicht leicht nachweisbar ist.

Der Untergang von Dimini lässt sich vielleicht wie folgt erklären: Nach der Zerstörung – dabei des Bereichs B durch Brand – wurde ein kleiner Teil von Bereich A wieder besiedelt. Die dort Lebenden verwendeten zwei bisher in Dimini unbekannte, viel einfachere Keramikgattungen, die möglicherweise schon seit längerem weiter im Binnenland in Gebrauch waren, verzichteten aber auch nicht auf die typisch mykenische Keramik. In Dimini könnte sich für kurze Zeit – danach wurde der Ort verlassen – eine Gruppe niedergelassen haben, die zwar nicht unberührt von der mykenischen Kultur war, aber dennoch sehr eigene Traditionen pflegte. Die Vorbewohner sind vielleicht zuvor von den Neuankömmlingen vertrieben worden und geflüchtet; Reste von Waffen und/oder von Getöteten lagen nicht in den Zerstörungsschichten der beiden Bereiche.

Als Argument für die These, dass die Zerstörungen der mykenischen Siedlungen um 1200 auf das Konto von Neuankömmlingen gehen, wird häufig vorgebracht, dass in der auf SH IIIB folgenden Phase SH IIIC neue Objektgruppen auftauchen, so eine neue Form der Fibel, paarweise getragene Nadeln und das sog. Griffzungenschwert (Typ Naue II). Jedoch muss das nicht zwangsläufig für Eindringlinge sprechen, denkbar ist auch, dass man sich das Fremdgut über Handelskontakte mit nichtmykenischen Kulturen aneignete (vgl. aber Kap. VIII.2).

Schwerer wiegt das Auftauchen einer neuen, sehr groben Keramikgattung, der «Barbarian Ware», die in kleinerem Maßstab schon während SH IIIB2 in den Burgen, während SH IIIC in größerer Menge und weiterer Verbreitung, bezeugt ist. Solche Grobkeramik dürfte man kaum verhandelt haben, sie könnte also wirklich auf das Hinzukommen von Fremden, vielleicht aus dem Balkan nördlich von Griechenland oder aus dem italischen Raum, hindeuten. Diese Neuankömmlinge wären dann möglicherweise als Söldner oder Arbeiter eingesetzt worden, man muss in ihnen aber nicht unbedingt auch die Verursacher der Zerstörungen um 1200 sehen.

Wenn man, trotz aller damit verbundenen Probleme, annimmt, der Zusammenbruch der Palastkultur sei letztendlich jeweils durch von außen kommende Gewalt erfolgt, sei es durch eingedrungene Fremde, sei es infolge von Machtkämpfen zwischen den mykenischen Staaten, so kann man darauf verweisen, dass die Erbauer der Befestigungsanlagen ja selbst mit Angriffen gerechnet haben, denn die gewaltigen Burgmauern und auch ihre Erweiterungen, etwa für die Wasserversorgung in Mykene, Tiryns und Athen, dürften schwerlich allein aus Gründen der Repräsentation errichtet worden sein (vgl. S. 88 f., 102 f.). Eventuell lässt auch die Verlegung von Werkstätten, besonders für die Waffenerzeugung, in die Palastbezirke, etwa in Tiryns, auf ein Bedrohungsgefühl schließen. Weniger überzeugend scheint mir in dieser Hinsicht die Verlegung von Werkstätten in den Palastbezirk von Pylos zu sein, da es dort besser gewesen wäre, diesen zu ummauern. Meinungen aber, dass die Reste einer Mauer der Sperrung der Landenge von Korinth gedient hätten oder dass vor dem Untergang von Pylos eigens eine Küstenwache zum Schutz vor Überfällen von See aus eingerichtet worden wäre, entbehren m. E. der Überzeugungskraft: Was Ersteres angeht, so kann die Mauer auch die Funktion einer Stützmauer gehabt haben und ihre Interpretation als Wehrmauer dürfte von den Verhältnissen des Perserkriegs von 480 angeregt worden sein; was Letzteres betrifft, so könnte die Küstenwache der Linear-B-Texte auch ein schon seit langem praktiziertes Instrument gegen Piratenüberfälle gewesen sein.

Nicht übersehen werden sollte, dass dem Untergang auch wirtschaftliche Probleme vorausgegangen sein können, etwa Rohstoffmangel für die Bronzeherstellung und -verarbeitung und/oder Mangel an gutem Getreide infolge zu weitgehender Ausnutzung des Bodens, dem man keine Regeneration hatte angedeihen lassen. Die Folge wären Lebensmittelknappheit und Hungersnöte gewesen, eine Situation, die durch die für die gewaltigen Bauvorhaben eingesetzten eigenen und fremden Arbeiter, die ja unterhalten werden mussten, noch verschärft worden wäre. Und es hätte zusätzlich, wie in der Forschung hervorgehoben wird, auch Beeinträchtigungen im Handelsverkehr gegeben. Allerdings haben sich solche Probleme nicht in den Linear-B-Texten niedergeschlagen, denn diese erwecken zumindest den Eindruck, dass das System der Palast*wirtschaft* bis zu ihrem Ende um 1200 funktionierte.

Vielleicht lässt sich aber wenigstens für Tiryns ein – wenn auch natürlich sehr hypothetisches – Szenario entwerfen: Selbst wenn es Versorgungs- und Handelsprobleme der angesprochenen Art gegeben und dann noch eine (eventuell aus natürlichen Gründen entstandene) Brandkatastrophe das Burgareal zerstört hat, bleibt unverständlich, warum allein deshalb die Palastkultur und die Linear-B-Schrift verschwunden sein sollen. Dieser Sachverhalt könnte wie folgt zu erklären sein: Die Probleme wurden durchaus als schwerwiegend empfunden; hinzu trat noch eine verheerende Brandkatastrophe. Wenn man beides als von den Göttern gesandt betrachtet hat, bedeutet dies, dass der *wanax*, der *lawagetas* und die soziale Elite ihre religiöse Legitimation verloren hätten, sie hätten ja nicht mehr unter dem Schutz der Götter gestanden. Vielleicht haben sie angesichts der Katastrophen von sich aus aufgegeben und sich regelrecht geopfert oder sie sind ausgewandert oder sie wurden zu dem einen oder anderen von den niedrigeren Schichten der Gesellschaft gezwungen. Nun ergriffen der oder die Anführer der Erhebung die Macht und etablierten eine neue Form von Herrschaft. Eine solche neue Herrschaftsform könnte sich in dem in die Ruinen des Großen Megarons in Tiryns hineingesetzten Bau aus SH IIIC, dem «Megaron im Megaron» (s. Abb. 15, unten; s. Kap. VIII.4), der deutlich kleiner und bescheidener als sein Vorgänger ausfiel, widerspiegeln.

Nachtrag

Erst vor kurzem habe ich durch das Kölner Universitätsmagazin (14. Juni 2018, S. 20) erfahren, dass das von dem Vor- und Frühgeschichtler Prof. Dr. J. Maran (Universität Heidelberg) und dem Archäoseismologen Prof. Dr. K.-G. Hinzen (Universität Köln) seit 2012 durchgeführte Forschungsprojekt «Der Untergang der mykenischen Paläste der Argolis – Die Folge eines Erdbebens ? (Thyssen-Stiftung)» das Resultat erbracht hat, dass die Zerstörung der mykenischen Burgen und Paläste in der genannten Landschaft um 1200 wahrscheinlich nicht auf Erdbeben zurückgeführt werden können, wie seit der Tätigkeit von Klaus Kilian, dem Vorgänger Marans als Grabungsleiter von Tiryns, immer wieder angenommen wurde. D. h., man muss davon ausgehen, dass die erwähnten Residenzen nur in Brandkatastrophen untergingen, wobei diese natürlich nicht im Zuge einer Eroberung entstanden sein müssen, sondern es dazu auch aus ganz normalen Gründen gekommen sein kann (vgl. das von mir in VII.8 Dargelegte).

VIII. Die mykenische Zeit nach den Palästen (SH IIIC, ca. 1200–1175/1150)

Nach den Zerstörungen zu Beginn des 12. Jh. wurden die mykenischen Paläste und das komplexe politische, gesellschaftliche und wirtschaftliche Organisationssystem ihrer Herrschaft nicht wieder aufgebaut, und die höheren Künste, das gehobene Handwerk der Palastzeit und vor allem der Gebrauch der Schrift gingen verloren. Die nahöstlichen Beziehungen waren erloschen. Was folgte, war ein Zeitalter, in dem sich die Menschen auf einem einfacheren Kulturniveau einrichteten, das 400 Jahre andauerte und das früher – mit einem mittlerweile überholten Begriff – «Dunkle Jahrhunderte» («Dark Ages») genannt wurde.

Heute gilt der Zusammenbruch der Paläste keineswegs als das Ende der mykenischen Kultur, die noch mehr als ein Jahrhundert weiterlebte, allerdings ohne Paläste und Schriftzeugnisse. Diese letzte mykenische Periode wird archäologisch als *SH IIIC* bezeichnet und mit Hilfe der stilistischen Entwicklung der Keramik in drei Phasen (SH IIIC Früh, Mitte und Spät) gegliedert. Für ihre absolute Chronologie bieten Radiokarbon-Daten einen Zeitrahmen zwischen 1200 und 1070/1050. Mit dem Ende von SH IIIC kam die mykenische Zeit schließlich zum Abschluss. Die darauf folgende «submykenische» Periode leitete kulturell zur *Frühen Eisenzeit* (Protogeometrische und Geometrische Periode, spätes 11.–8. Jh.) über, die ihrerseits bis zur Einführung des griechischen Alphabets im Laufe des 8. Jh. andauerte.

1. Ausgewählte Fundorte einer unruhigen Epoche

Siedlungen: Tiryns, Mykene, Midea, Asine (Argolis); Korakou (Korinthia); Aigeira, Teichos Dymaion (Achaea); Kynos (Mittelgriechenland); Lefkandi (Euböa); Kanakia (Salamis); Grotta (Naxos). – *Friedhöfe:* Perati (Ostattika); Pellana (Lakonien); Elateia (Mittelgriechenland); Patras und Umgebung (Achaea); Kephallonia; Naxos; Ialysos (Rhodos); – *Heiligtümer:* Hymettos (Attika); Amyklai (Lakonien); Kalapodi (Mittelgriechenland); Phylakopi (Melos); Ajia Irini (Keos).

Nach Aussage der archäologischen Zeugnisse für SH IIIC folgten auf die Zerstörungen um 1200, denen ja nicht nur die Paläste, sondern nahezu alle mykenischen Gemeinwesen zum Opfer gefallen waren, lange dauernde Turbulenzen im ägäischen Raum. Siedlungen wurden wieder aufgebaut, andere samt ihren Friedhöfen für längere Zeit oder für immer verlassen, wieder andere neu gegründet. Aus manchen Regionen zogen größere Bevölkerungsgruppen ab und suchten Sicherheit in Gebirgsregionen und auf den Inseln, Auswanderer aus der Ägäis kamen sogar bis Zypern. Bis zum Ende von SH IIIC finden sich immer wieder Hinweise auf Zerstörungen und Migrationen im Gefolge von Naturkatastrophen oder feindlichen Angriffen. Es war offensichtlich kein Zeitalter, in dem sich die Menschen sicher fühlen konnten.

2. Kulturelle Entwicklung

Betrachtet aus der Perspektive der Palastzeit, vermittelt die Periode SH IIIC das Bild kultureller Verarmung. Die *Sachkultur* des 12. und 11. Jh. schloss an die Leistungen der vorangegangenen Zeit nur insoweit an, als ihre Werkstücke nicht für die exklusive Sphäre der Paläste bestimmt gewesen waren. Schmuck, Siegel und Schnitzarbeiten waren einfach, Glas und Fayence wurden nicht mehr verarbeitet. Unter den Funden aus Siedlungen und Gräbern der Periode SH IIIC stellen sich künstlerisch wertvolle Objekte aus edlen Materialien meist als «Antiquitäten» aus der Palastzeit heraus. Dieser eher bescheidene Befund gilt jedoch nicht für einige Handwerkszweige, deren Fachkönnen ungeschmälert blieb. Töpferwerkstätten entwickelten die für SH IIIC charakteristischen keramischen Formen und Verzierungen, von denen nicht wenige auch noch die Keramik der Frühen Eisenzeit prägten. In der Phase SH IIIC Mitte kam es sogar noch einmal zu einer Blüte der mykenischen Vasenmalerei (s. u.). Bilddarstellungen auf Gefäßen dieser Zeit zeigen Schiffe und Streitwagen, deren besonders sorgfältig gemalte Details auf eine ungebrochene Tradition des Baus dieser Transportmittel in SH IIIC schließen lassen. Das Bronzehandwerk bewies ebenfalls ein weiterhin hohes Niveau mit der Erzeugung von Dreifußkesseln und Waffen für die Eliten der Zeit. Dazu kamen bereits im Umfeld der großen Katastrophen neue Schutz- und Angriffswaffen (etwa Schilde, Wurfspeere, Schwerter), deren Ursprungsgebiet die Apenninenhalbinsel war und unter denen die Hieb- und Stichschwerter vom Typ Naue II (siehe Abb. 20a) die bekanntesten sind. Technisch den ägäischen Waffen überlegen, wurden sie sofort in die mykenische Bewaffnung integriert und bereits im frühen SH IIIC in mykenischen Bronzewerkstätten hergestellt. Die technologische Übertragung geschah wahrscheinlich durch eingewanderte Personengruppen aus Italien, deren Spuren an zahlreichen mykenischen Fundorten um und nach 1200 in einer fremdartigen, prähistorischen Keramik («Handmade Burnished Ware») fassbar sind. Naue-II-Schwerter, umgesetzt in Eisen, blieben übrigens eine Standardwaffe auch in der Frühen Eisenzeit.

Jenseits der materiellen Kultur wurden die traditionellen *Grabformen und Begräbnissitten* in SH IIIC beibehalten, allerdings ohne den Neubau von Kuppelgräbern. Abgesehen von regionalen Ausnahmen wie Elateia in Mittelgriechenland, wurden die mykenischen Friedhöfe nach dem Ende von SH IIIC nicht mehr belegt. *Religiöse Vorstellungen und Kultgebräuche,* sofern sie nicht der Palastgesellschaft vorbehalten gewesen waren, wurden ebenfalls in SH IIIC weiterhin praktiziert, etwa die Niederlegung handgeformter oder scheibengedrehter Menschen- und Tierfiguren als Weihegaben. Andere religiöse Einrichtungen wurden den veränderten gesellschaftlichen Verhältnissen angepasst, wie z. B. die Errichtung von freistehenden Heiligtümern an öffentlich zugänglichen Orten zeigt (Tiryns, Phylakopi, Ajia Irini). Manche Elemente mykenischer Religiosität wurden sogar in die nachmykenische Zeit überliefert, darunter Tier- und Brandopfer, Spenden von Pflanzen und Früchten oder Kultstätten auf Bergen (Hymettos, Amyklai) und Passhöhen (Kalapodi). Bemerkenswert ist ferner, dass die Namen der olympischen Gottheiten bereits in den Linear-B-Texten genannt werden, was auf eine Tradition religiöser Vorstellungen von der Palastzeit bis ins Jahrhundert Homers hinweist, wie komplex auch immer sie verlaufen sein mochte.

Den besten Einblick in das *Siedlungswesen* von SH IIIC bietet Tiryns, wo die deutschen Ausgrabungen eine durchgehende Siedlungsabfolge freilegten. Abgesehen von der Reparatur der Befestigungsmauer, wurden palastzeitliche Strukturen nicht mehr aufgebaut. In der Unterburg entstand eine dörfliche Siedlung mit selbständigen Haushalten, bestehend aus Wohn-, Produktions- und Vorratsgebäuden und eigenem Hof – wahrscheinlich Haushalte vom Oikos-Typ (s. S. 57 f.) –, die, befreit von der zentralistischen Palastwirtschaft, über ihre eigenen Ressourcen und Produkte verfügten. Häuser bestanden meist aus nur einem Raum, die Bauweise war einfach. Außerhalb der Mauer wuchs Tiryns zu einer Größe an, die dem palastzeitlichen wie auch klassischen Begriff *asty*/«Stadt» entsprochen haben könnte. Zuwanderer kamen aus der Peloponnes, aber auch – nach Ausweis von Funden der «Handmade Burnished

Ware» – aus dem Adriaraum. Eine neue, kommunale Einrichtung war der kleine, an die Burgmauer angebaute Schrein in dem wichtigsten Hof der Unterburg, auf dessen Kultbank die großartigen scheibengedrehten weiblichen Kultfiguren aufgestellt wurden, die heute im Museum von Nauplion zu bewundern sind. – In anderen mykenischen Regionen sind Siedlungsbefunde aus dem frühen 12. Jh. selten. Siedlungen, die nach der Katastrophe neu entstanden (Aigeira, Lefkandi), glichen jener in der Unterburg von Tiryns; andere Orte behielten beim Wiederaufbau die früheren Baupläne bei, allerdings in schlichterer Ausführung (Korakou, Teichos Dymaion).

3. Soziale und politische Organisation

Als Folge der Aufgabe der Paläste und der komplexen Strukturen der Palaststaaten überlebte nur ein Bruchteil der reichen Herrschafts-, Verwaltungs- und Wirtschaftsterminologie der Linear-B-Texte im klassischen griechischen Lexikon. Wohl gab es einige politische Begriffe der mykenischen Texte, die auch der Sprache Homers und der späteren Griechen angehörten, doch waren sie entweder allgemeiner Natur (*laos*/«Volk»), oder sie hatten sich auf die Organisation und auf politische Funktionäre der regionalen Verwaltungsdistrikte in den Palaststaaten bezogen. Es scheint daher plausibel, dass sich die zentralistischen Palastherrschaften in kleinräumige politische Einheiten auflösten, in denen sich die neuen gesellschaftlichen Ordnungen bildeten. In diesem Prozess entwickelten sich die mykenischen Begriffe *damos, gerousia* und *basileus* in Richtung ihrer jeweiligen späteren Bedeutung als gesamtgriechische Bezeichnungen für autonome politische Gemeinwesen (Siedlung, Staat), gesellschaftstragende Sippenverbände (s. Kap. V.1, Gesellschaftliche Ordnung) und vor allem zum Titel für Herrschaftsträger (s. S. 136).

4. Die Eliten der Nachpalastzeit

Eine der großen Herausforderungen für die Bewohner der Ägäis im 12. Jh. muss es gewesen sein, mit den Wirren und Bedrohungen der Zeit fertigzuwerden. Militärische Tüchtigkeit, persönliches Charisma und materielle Mittel, um Gefolgsleute an sich zu binden, standen daher hoch im Kurs und ließen eine neue Führungsschicht entstehen. Die Herausbildung von Ranggesellschaften bereits im frühen 12. Jh. wird namentlich in den Grabungsergebnissen von *Tiryns* fassbar, wo sich einzelne Gebäude und die darin gefundenen Objekte von der allgemeinen Schlichtheit abhoben. Wahrscheinlich gehörten sie Familien bzw. Oikoi, die durch besondere Qualitäten ihrer Mitglieder zu Reichtum und Elitestatus aufgestiegen waren. Ihre militärische Leistungsfähigkeit darf vorausgesetzt werden; dass sie ihre Ideologie aber zusätzlich mit der Erinnerung an die Palastzeit verknüpften, zeigt der «Bau T» aus SH IIIC Früh auf der Oberburg (Abb. 15 unten). Das schmale Gebäude wurde in die Ruine des großen Palastmegarons so eingebaut, dass zwar der Platz für den Thron, nicht aber der riesige Zeremonialherd berücksichtigt wurde. Dieser nur teilweise angepasste Einbau in den innersten Kern des ehemaligen Palastes konnte daher nicht der Versuch einer Restauration des *wanax*-Königtums gewesen sein. Nach der überzeugenden Interpretation der Ausgräber von Tiryns war Bau T eine Versammlungshalle für die Exponenten der führenden Familien, die ihre politischen Ansprüche mit konstruierten Bindungen verwandtschaftlicher und religiöser Art an die glorifizierte Vergangenheit legitimierten, die sie an diesem symbolträchtigen Ort feierten. Der Gemeinde («damos») von Tiryns wurde diese Ideologie in Zeremonien am Altar im großen Hof vor dem Megaron vermittelt. Ein kleines Vasenfragment aus Tiryns mit dem Bild eines Lyraspielers regt zudem den Gedanken an, dass man dabei auch Lieder über die große Vergangenheit und ihre Heldengestalten dichtete und sang. – In Midea deutet der Einbau eines großen, repräsentativen Gebäudes in ein Megaron der Palastzeit auf einen ähnlichen Vergangenheitsbezug der Oberschicht hin. Es wurde jedoch am Ende von

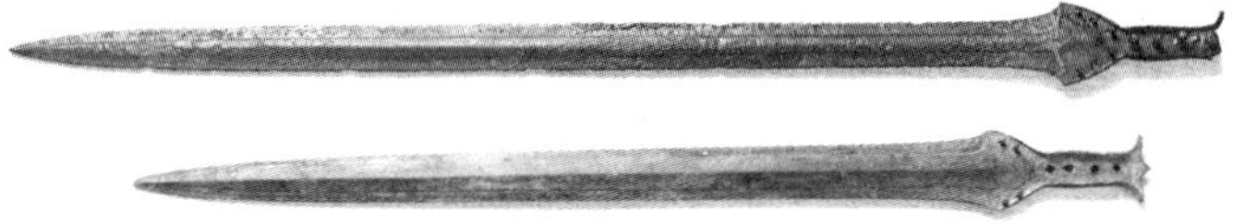

20a – Naue-II-Schwerter aus einem Kammergrab in Kallithea bei Patras.

20b – Die Kriegervase von Mykene (H: 40 cm).

SH IIIC Früh aufgegeben, und Midea blieb dann verlassen. – Die nachhaltige Bedeutung Mykenes bis zum Ende der mykenischen Ära und die Existenz einer mächtigen Führungselite sind durch die Erhaltung der Befestigungsmauer, durch beachtliche Gebäude wie den «Kornspeicher» («Granary») und das «Haus der Kriegervase» hinter dem Löwentor und neben dem Gräberkreis A, durch die teilweise Wiederbenutzung des Kultzentrums des Palastes sowie durch Funde von Naue-II-Schwertern und großartig verzierten Gefäßen aus SH IIIC Mitte nachgewiesen, zu denen die berühmte Kriegervase gehört.

Nach ausgedehnten Zerstörungen in vielen Regionen am Ende der frühen Phase von SH IIIC scheint die anschließende Phase SH IIIC Mitte eine Zeit allgemeinen Wohlstandes und einer späten kulturellen Blüte gewesen zu sein. Befreit vom kulturellen und politischen Diktat der Paläste, entfalteten sich in allen mykenischen Regionen kreative Kräfte, die ihren besonderen Ausdruck in einer Vielfalt prunkvoller Vasenstile fanden, von denen der «Close Style» der Argolis, der «Octopus Style» der Inseln und die unterschiedlichen Ausformungen des «Pictorial Style» die bekanntesten sind. Träger dieser späten Kulturblüte waren Mitglieder einer Oberschicht, deren Wesen durch die Grab- und Siedlungsbefunde der Zeit als Kriegeraristokratie definiert werden kann. Ihre Gräber enthielten Naue-II-Schwerter und eine Reihe weiterer Waffen, Prestigeobjekte wie Gegenstände der gehobenen Körperpflege (Pinzetten, Rasiermesser), «Exotika» (Bernstein) und vor allem Kostbarkeiten aus der Palastzeit (Goldringe, Siegel, Bronzegefäße, Ägyptiaca). Ihre Wohnhäuser waren geräumiger und besser ausgestattet als die der übrigen Einwohner. Kratere des «Pictorial Style», prunkvolle Mischgefäße für elitäre Gelage, waren mit Bildern von ausziehenden Kriegern zu Fuß (vgl. Abb. 20b) oder auf dem Streitwagen, von Zweikampf mit Schwertern oder Speeren zu Fuß oder auf Schiffen, von Seefahrt, Jagd und Tanz bemalt, die den Abenteuergeist, die militärische Exzellenz und die noblen Freizeitbeschäftigungen der nachpalatialen Eliten idealisierten. Beträchtlichen Reichtum schöpften diese Männer bzw. ihre Oikoi aus Grundherrschaft, einem Netzwerk von persönlichen Beziehungen und Gabentausch inner- und außerhalb der Ägäis (Italien, Zypern) und nicht zuletzt aus Kriegs- und wohl auch Raubfahrten. Dieses Vermögen benötigten sie für ihre öffentlichen Funktionen wie die Ausrichtung von Zeremonien und religiösen Ritualen, diplomatische Gastfreundschaft, für den militärischen Schutz des von ihnen kontrollierten Gebietes und als Mittel bei internen Rivalitäten.

Angesichts der kriegerischen Tüchtigkeit und der Führungsqualitäten der Mitglieder der Eliten von SH IIIC darf angenommen werden, dass auf sie der Titel *basileus* übertragen wurde. Vermutlich waren sie tatsächlich Nachfolger der regionalen Würdenträger und Sippenoberhäupter, die nach dem Zerfall der Palaststaaten die einzigen Autoritäten blieben, die auf Gehorsam und Gefolgschaft zählen konnten. Ob *basileus* damals schon die Bedeutung «König» annahm, hängt wohl davon ab, ob Dynastien gegründet wurden. Einer neuen Deutung des «Schatzes von Tiryns» nach könnte dies einer Herrscherfamilie in der Argolis tatsächlich gelungen sein, deren Insignien aus dieser Sammlung von Kleinodien aus dem 15. bis zum 12. Jh. (darunter der große

Goldring von Abb. 7b) bestanden hätten. Als Tiryns am Ende der mykenischen Ära verlassen wurde, vergrub man den Schatz in der Nähe des «Megaron W» in der Außenstadt.

5. Ausklang

Die kulturelle Blütezeit von SH IIIC Mitte dauerte in der Spätphase der Periode noch eine Weile an, dann aber gestaltete sich das Ende der mykenischen Ära in den einzelnen Regionen Griechenlands unterschiedlich. In manchen Gebieten wurden Siedlungen und Friedhöfe mit dem Ende von SH IIIC aufgegeben, andere Gegenden blieben durchgehend besiedelt und vollzogen während der submykenischen Phase den allmählichen kulturellen Wandel zur Frühen Eisenzeit. Mykenische Griechen wanderten nach Ionien und nach Zypern aus, Athen zog viele Zuwanderer an und entwickelte sich zu einer Großsiedlung. Für das vorliegende Buch indes soll die Abwanderung der letzten Siedler von Mykene und Tiryns an der Schwelle zur submykenischen Zeit den Abschluss der Geschichte des mykenischen Griechenland versinnbildlichen.

Danksagungen von Sigrid Deger-Jalkotzy

- an Professor Dieter Hertel, der kurzfristig einsprang und das Kapitel zur mykenischen Palastzeit verfasste, als ich durch Erkrankung ausfiel.
- an Professor Joseph Maran für die kritische Durchsicht der Kapitel I bis VI und für eingehende Diskussionen.
- an Dr. Stefan von der Lahr, Lektor beim Verlag C.H.Beck, für die umsichtige, fachkompetente und einfühlsame Betreuung des Buches.
- an folgende Gelehrte für ihre Diskussionsbereitschaft, für Anregungen und für Informationen zu neuen Grabungsbefunden: Fritz Blakolmer, Ernst Czerny, Fanouria Dakoronia, Birgitta Eder (Kakovatos), Gerhard Forstenpointner, Walter Gauß (Aigina), Susanne Heinhold-Krahmer, Günther Hölbl, Barbara Horejs, Reinhard Jung, Elina Kardamaki (Ajios Vasilios), Irene Lemos (Lefkandi), Joseph Maran (Tiryns), Wolf-Dietrich Niemeier (Kalapodi), Oswald Panagl, Sharon Stocker und Emily Egan (Pylos), Jörg Weilhartner, James Wright, Michaela Zavadil.
- an PD Dr. Birgitta Eder, PD Dr. Reinhard Jung, Ingrid Mayrhofer und Dr. Michaela Zavadil für die Durchsicht einzelner Kapitel und für Kommentare.
- an Dr. Mario Börner vom Institut OREA der ÖAW in Wien für die Erstentwürfe der beiden Karten, für die Gestaltung der Zeittafel und für die Anfertigung der Fotovorlagen für die Textabbildungen in meinem Teil der Darstellung.

Bemerkungen von Dieter Hertel

Mein Dank gebührt für mancherlei Hilfe vor allem Christof Berns, bis September 2018 Professor für Klassische Archäologie am Institut für Archäologische Wissenschaften der Ruhr-Universität Bochum (es beherbergt Abteilungen für Ur- und Frühgeschichte und für Klassische Archäologie). Es sei hier noch hervorgehoben, dass ich mein Manuskript auch deshalb in der mir zur Verfügung stehenden knappen Zeit verfassen konnte, weil die beiden Bibliotheksabteilungen des gerade genannten Instituts, in dem ich hauptsächlich tätig war, über sehr viel wichtige Literatur, ältere und neue, zur mykenischen Kultur verfügen.

Literaturhinweise

Handbücher: Shelmerdine, C.W. (Hg): *The Cambridge Companion to the Aegean Bronze Age*, Cambridge 2008 (kurz: *Cambridge Companion*). | Cline, E.H. (Hg): *The Oxford Handbook of the Bronze Age Aegean*, Oxford 2010 (kurz: *Oxford Handbook*). | Mountjoy, P.A.: *Regional Mycenaean Decorated Pottery*, 2 Bände, Rahden/Westfalen 1999.

Linear B: Bartonek, A.: *Handbuch des mykenischen Griechisch*, Heidelberg 2003. | Duhoux, Y. – Morpurgo Davies, A. (Hg): *A Companion to Linear B. Mycenaean Greek Texts and their World*, 3 Bände, Louvain-La-Neuve 2008, 2011, 2014 (kurz: *Linear B-Companion*).

Homer und Mykene: Morris, I. – Powell, B. (Hg): *A New Companion to Homer*, Leiden u.a. 1997.

Fundplätze: Hope Simpson, R. – Dickinson, O.T.P.K.: *A Gazetteer of Aegean Civilization in the Bronze Age, Vol. 1: The Mainland and the Islands*, Göteborg 1979.

Bildbände: Hampe, R. – Simon, E.: *Tausend Jahre Frühgriechische Kunst*, München 1980. | Marinatos, Sp. – Hirmer, M.: *Kreta, Thera und das mykenische Hellas*, München 1973².

Für vertiefte Literatursuche sei die große internationale ägäische Bibliographie Nestor empfohlen: https://classics.uc.edu/nestor/

Kapitel I–VI: Leider ist es aus Platzgründen nicht möglich, sämtliche Publikationen anzuführen, die bei der Abfassung dieser Kapitel berücksichtigt wurden. Es sind dies Arbeiten von G. Albers, J. Bennet, J. Crouwel, O.T.P.K. Dickinson, K. Kilian, R. Laffineur, J. Maran, H. Matthäus, M. Meier-Brügger, G. Owens, A. Morpurgo Davies, T. Mühlenbruch, Th. Palaima, O. Panagl, J.B. Rutter, S. Sherratt, A. Philippa-Touchais, G. Touchais, A. Van de Moortel, M. Vetters, S. Voutsaki, G. Walberg, H. Whittaker, M. Wiener, J.C. Wright.

Kapitel I: Cobet, J.: *Heinrich Schliemann. Archäologe und Abenteurer*, München 1997. | Samida, St.: *Heinrich Schliemann*, Tübingen – Basel 2012. | MacGillivray, J.A.: *Minotaur. Sir Arthur Evans and the Archaeology of the Minoan*

Myth, New York 2000. | Chadwick, J.: *Linear B. Die Entzifferung der mykenischen Schrift* (übersetzt von H. Mühlestein), Göttingen 1959. | Pope, M.: The Decipherment of Linear B, in: *Linear B-Companion Band I*, 2008, 1–23.

Kapitel II: Richter, D.: Absolute Chronologie, in: Mölders, D. – Wolfram, S., *Schlüsselbegriffe der prähistorischen Archäologie* (Tübinger Archäologische Taschenbücher 11), Münster – New York 2014, 13–18. | Hansen, S.: Relative Chronologie, in: Mölders, D. – Wolfram, S. (Hg): *Schlüsselbegriffe der prähistorischen Archäologie* (Tübinger Archäologische Taschenbücher 11), Münster – New York 2014, 251–54. | Shelmerdine, C. W.: Relative and absolute Chronology, in: *Cambridge Companion*, 3–7.

Kapitel III: Voutsaki, S.: Middle Bronze Age: Mainland Greece, in: *Oxford Handbook*, 99–112. | Schoep, I.: Middle Bronze Age: Crete, in: *Oxford Handbook*, 113–25. | Wright, J. C.: Early Mycenaean Greece, in: *Cambridge Companion*, 230–57. | Younger, J. G. – Rehak, P.: The material culture of Neopalatial Crete, in: *Cambridge Companion*, 140–64. | Hägg, R. – Marinatos, N. (Hg): *The Minoan Thalassocracy. Myth and Reality*. Proceedings of the Third international Symposium at the Swedish Institute in Athens, 31 May–5 June 1982, Athen 1984. | Gauß, W.: Aegina Kolonna, in: *Oxford Handbook*, 737–51. | Kilian-Dirlmeier, I.: *Das Mittelbronzezeitliche Schachtgrab von Ägina* (Alt-Ägina IV/3), Mainz 1997.

Kapitel IV: Karo, G.: *Die Schachtgräber von Mykenai*, München 1930. | Mylonas, G. E.: *O Taphikos Kyklos B ton Mykenon* (Der Gräberkreis B von Mykene), Athen 1972–73. | Dickinson, O. T. P. K.: *The Origins of Mycenaean Civilisation*, (Studies in Mediterranean Archaeology 49), Göteborg 1977. | Blakolmer, F.: Der autochthone Stil der Schachtgräberperiode im bronzezeitlichen Griechenland als Zeugnis für eine mittelhelladische Bildkunst, *Österreichische Jahreshefte* 76 (2007), 65–88. | David, W.: Zu den Beziehungen zwischen Donau-Karpatenraum, osteuropäischen Steppengebieten und ägäisch-anatolischem Raum zur Zeit der mykenischen Schachtgräber unter Berücksichtigung neuerer Funde aus Südbayern, *Anodos. Studies of Ancient World* 1/2001, 51–80. | Dickinson, O. T. P. K. – Papazoglou-Manioudaki, L. – Nafplioti, A. – Prag, A. J. N. W.: Mycenae revisited Part 4: Assessing the new data. *Annual of the British School at Athens* 107, 2012, 161–88. | French, E. B. *Mycenae. Agamemnon's capital. The site in its setting*, Stroud 2002, Chapters 4 und 5. | Jung, R.: Der Charakter der Nordkontakte der minoischen und mykenischen Zivilisation um 1600 v. u. Z., in: Meller, H. – Bertemes, F. (Hg): *Der Griff nach den Sternen. Wie Europas Eliten zu Macht und Reichtum kamen. Internationales Symposium in Halle (Saale) 16.–21. Februar 2005*, Halle an der Saale 2010, 657–74. | Stos-Gale, Z. A. – Macdonald, C. F.: Sources of Metals and Trade in the Bronze Age Aegean, in: Gale, N. H. (Hg): *Bronze Age Trade in the Mediterranean. Papers Presented at the Conference held at Rewley House, Oxford, in December 1989*, Jonsered

1991, 249–88. | Zavadil, M.: Diademe und Siegel, Tassen und Perlen: Gold in der mykenischen Welt, in: Deger-Jalkotzy, S. – Schindel, N. (Hg): *Gold. Tagung anlässlich der Gründung des Zentrums Archäologie und Altertumswissenschaften an der Österreichischen Akademie der Wissenschaften, 19.–20. April 2007,* Wien 2009, 99–112 (29 Abbildungen). | Zavadil, M.: *Monumenta: Studien zu mittel- und späthelladischen Gräbern in Messenien,* Wien 2013.

Kapitel V: Cavanagh, W. G.: Central and Southern Peloponnese, in: *Oxford Handbook*, 631–42; zum Menelaion 636 f. | Davis, J. L. – Stocker, S. R.: The Lord of the Gold Rings: The Griffin Warrior of Pylos, *Hesperia: The Journal of the American School of Classical Studies at Athens* 85, 2016, 627–55. | Davis, J. L.: Pylos, in: *Oxford Handbook*, 680–89, bes. 683 f. | Driessen, J. – Macdonald, C. F.: *The Troubled Island: Minoan Crete before and after the Santorini Eruption* (Aegaeum 17), Liège 1997. | Driessen, J.: Chronology of the Linear B texts, in: *Linear B-Companion Band I*, 69–79. | Eder, B.: Kakovatos, https://www.orea.oeaw.ac.at/forschung/the-mycenaean-aegean/kakovatos/(25.4.2018). | Kilian-Dirlmeier, I.: Das Kuppelgrab von Vapheio. Die Beigabenausstattung in der Steinkiste. Untersuchungen zur Sozialstruktur in späthelladischer Zeit, *Jahrbuch des Römisch-Germanischen Zentralmuseums Mainz* 34, 1987, 197–212. | Stocker, S. R. – Davis, J. L.: The Combat Agate from the Grave of the Griffin Warrior at Pylos, *Hesperia 86,* 2017, 583–605.

Kapitel VI: Davis, J.: Pylos, in: *Oxford Handbook*, 680–89, bes. 684 f. | Edel, E. – Görg, M.: *Die Ortsnamenlisten im nördlichen Säulenhof des Totentempels Amenophis' III.*, Bonn 2005. | Klengel, H.: *Geschichte des Hethitischen Reiches*, Leiden-Boston-Köln 1999; zu Madduwatta 115–22. | Maran, J.: Tiryns, in: *Oxford Handbook,* 722–34, bes. 724 f. | Maran, J.: Zur Frage des Vorgängers des ersten Doppelpalastes von Tiryns, in: Böhm, St. – Eickstedt, K.-V. (Hg): *ITHAKI. Festschrift für Jörg Schäfer zum 75. Geburtstag am 25. April 2001,* Würzburg 2001, 23–29. | Mee, Ch.: Mycenaean Greece, the Aegean, and Beyond, in: *Cambridge Companion,* 362–86. | Weilhartner, J.: «The Construction of Metaphysical Space: Thoughts on the Borrowing of Minoan Cult Equipment and the Development of Mycenaean Religious Iconography» (im Druck).

Kapitel VII: *Wichtigste Grabungsplätze* **Dimini:** Adrimi-Sismani, V.: *Le palais de Iolkos et sa destruction,* Bulletin de Correspondance Hellénique, 1. Études, 128/129, 2004/2005, 1–54. | **Gla:** Iakovidis, Sp. E.: *Gla and the kopais in the 13th Century B. C.* Library of the Archaeological Society at Athens 221, Athen 2001. | **Midea:** Demakopoulou, K.: *The Mycenaean Acropolis of Midea,* Athen 2012. | **Mykene:** Mylonas, G. E.: *Ancient Mycenae,* London 1957. | **Pylos:** Blegen, C. W – Rawson, M. – Davis, J. L. – Shelmerdine, C. W.: *A Guide to the Palace of Nestor, Mycenaean Sites in its Environs and the Chora Museum,* Princeton 2001. | **Theben:** Aravantinos, V. I.: *Mycenaean Thebes: Old Questions, New Answers,* in: Boehm, I. – Müller-Celka, S. (Hg.), *Espace civil, espace religieux en*

Egée durant la période mycénienne. Approches épigraphique, linguistique et archéologique. Actes des journées d'archéologie e de philologie mycéniennes tenues à la Maison de l'Orient et de la Méditerranée – J. Pouilloux les 1er février et 1er mars 2007, Lyon 2010, 51–72. | **Tiryns:** Jantzen, U. (Hg.): *Führer durch Tiryns von den Mitarbeitern der Grabung* (Deutsches Archäologisches Institut Athen 1975.

Kapitel VIII: Deger-Jalkotzy, S. – Lemos, I. S. (Hg): *Ancient Greece: From the Mycenaean Palaces to the Age of Homer* (Edinburgh Leventis Studies 3), Edinburgh 2006. | Deger-Jalkotzy, S.: Decline, Destruction, Aftermath, in: *Cambridge Companion*, 387–415. | Eder, B.: *Argolis, Lakonien, Messenien vom Ende der mykenischen Palastzeit bis zur Einwanderung der Dorier,* Wien 1998. | Maran, J.: Tiryns, Postpalatial Revival – LH IIIC, in: *Oxford Handbook*, 729–31. | Maran, J.: Contested Pasts – The Society of the 12th c. B. C. E. Argolid and the Memory of the Mycenaean Palatial Period, in: Gauß, W. – Lindblom, M. – Smith, R. A. K. – Wright, J. C. (Hg): *Our Cups are Full: Pottery and Society in the Aegean Bronze Age. Papers presented to Jeremy B. Rutter on the occasion of his 65th birthday,* Oxford 2011, 169–78.

Bildnachweis

Abb. 1: Aus George E. Mylonas: *Mycenae Rich in Gold*, Ekdotike Athenon S. A., Athen 1983, Abb. 67 (Photo: N. Kontos) | *Abb. 2:* Graphik M. Börner, OREA | *Abb. 3a, 3b, 4a, 4b, 4c, 5a, 5b, 6a, 6b, 7a–c:* © Hirmer-Verlag, München; Photos: Max Hirmer | *Abb. 3c:* © Archäologisches Nationalmuseum Athen (NAM 1428) | *Abb. 8:* Aus Nikos Papachatzis: *Mykene – Epidauros – Tiryns – Nauplia. Führer durch die klassischen Stätten der Argolis,* Athen 1978, S. 23, Abb. 3. | *Abb. 9:* Nach: G. E. Mylonas, Οδηγός Μυκήνων, Athen 1967, Abb. 5 | *Abb. 10:* © bpk/Alinari Archive/Alinari | *Abb. 11:* Nach Der Neue Pauly. Enzyklopädie der Antike 8, Stuttgart – Weimar 2000, 573, Abb. oben mit Ergänzungen durch D. Hertel | *Abb. 12, 13:* Nach A. J. B. Wace: *Mycenae. An Archaeological History and Guide*, New York 1949, Abb. 4, Abb. 98 b | *Abb. 14:* Aus S. Marinatos – M. Hirmer: *Kreta und das mykenische Hellas*, München 1959, Abb. 27 (© Hirmer-Verlag) | *Abb. 15:* Nach E. French – K. A. Wardle: *Problems in Greek Prehistory. Papers Presented at the Centenary Conference of the British School of Archaeology at Athens*, Manchester, April 1986, Bristol 1987, Abb. 9 | *Abb. 16:* Nach U. Jantzen (Hg.): *Führer durch Tiryns von den Mitarbeitern der Grabung* (Deutsches Archäologisches Institut), Athen 1975, Abb. 6 | *Abb. 17:* Nach H. Schliemann: *Tiryns. Der prähistorische Palast der Könige von Tiryns. Ergebnisse der neuesten Ausgrabungen.* Leipzig 1886, Abb. Nr. 112 | *Abb. 18:* Nach

Register geographischer Orte